그럼에도 삶에 '예'라고 답할 때

모든 운명에 고통받는 이들을 위로하는 대답

# 그럼에도 삶에
# '예'라고 답할 때

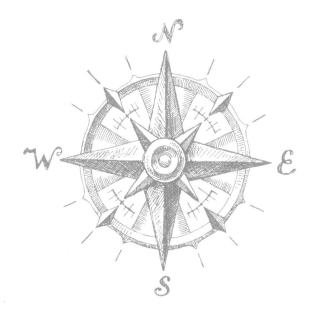

빅터 프랭클 지음 | 마정현 옮김

청아출판사

작고하신 아버지께

# 목차

# 프롤로그

이 책에 실린 글, 곧 빅터 프랭클이 1946년에 강연한 세 편의 원고는 엄청나게 힘이 있고 지금까지도 여전히 놀라울 정도로 현실적인 내용을 담고 있다. 이 글들은 위대한 의사이자 심리 치료사인 그의 사상 전반을 그대로 전달하고 있으며, 프랭클은 이 원고를 향후 수십 년간 수많은 글과 책에서 발전시켰다. 그가 이 세 편의 글에서 '인간의 조건conditio humana'을 조명하는 깊이는 타의 추종을 불허한다. 이에 오늘날의 독자, 그중에서도 특히 젊은 독자층이 프랭클의 사상에 쉽게 접근할 수 있도록 이 책을 출간한 벨츠 출판사의 공로는 대단히 높이 살 만하다.

빅터 프랭클은 — 그의 조심스러우면서도 겸손한 성격 탓에 사람들이 이렇게 부르는 것을 거부할 수 있겠지만 — 거인이었다. 나에게 그는 고대 그리스 의술의 창시자 히포크라테스와 1952년 노벨 평화상을 수상한 알자스 지방 출신 의사 알버트 슈바이처와 대등한 위치에 있다. 슈바이처와 마찬가지로 빅터 프랭클 역시 의술을 넘어 멀리 내다보면서 인류학적인, 인간의 기본과 관련된 문제들을 다루었다. 내가 이 책에 수록된 글에서 특히 감명을 받은 세 가지 관점은 앞으로 따로 더 자세히 살펴볼 것이다.

## 인간의 핵심으로서의 '자기Selbst'

이 책에 실린 글을 강연할 당시 빅터 프랭클의 나이는 41세로, 그는 최고의 나날을 보내고 있었다. 하지만 프랭클은 한 인간에게 일어날 수 있는 가장 끔찍한 경험을 겪고 난 직후였다. 그는 나치의 참혹한 범죄 행위와 관련된 수백만 명 중 한 명이었다. 그러나 동시에 강제 수용소 — 프랭클의 경우 여러 수용소 — 수감 생활에서 살아남은 몇 안 되는 사람 가운데 하나이기도 했다. 프랭클은 자신이 가진 것을 모조리 빼앗길 때 무엇이 인간의 핵심을 이루는가를 깨닫게 된 그때의 경험, 즉 자기 자신과의 만남을 그냥 지나치지 않았다. 우리가 살고 있는 이 시대의 특징을 보면, 사람들은 대부분 빠른 속도로 소용돌이치는 삶과 직면해 자기 자신과 만날 수 있는 기회가 없거나, 아니면 끊임없이 시선을 딴 데로 돌리고 이를 능동적으로 피하고 있다. 그 이유가 뭘까? 그것은 어쩌면 자기와의 만남이 불편한 감정과 연결돼 있거나 심지어 견딜 수 없기 때문은 아닐까?

강제 수용소 수감자임은 무엇과도 비교할 수 없는 예외적인 경험이다. 하지만 빅터 프랭클이 생생하게 보여 주고 있듯이 그는 자신의 경험을 단지 제한적으로만 보지 않았다. 아주 평범한 삶이라도 그 속에는 마치 수용소로 끌려간 수감자와 마찬가지로 순식간에 많은 것을 혹은 몽땅 빼앗길 만한 상황이 늘 도사리고 있다. 인간은 그 이전까지는 '자기'와의 만남을 피하는 것이 가능하다. 이러한 상황은 누구에게나 닥칠 수 있다. 독일만 보더라도 해마다 48만 명의 사람들이 암에 걸린다. 다양한 형태의 불행, 상실, 사고, 질병은 어느 날 갑자기 삶에 파고들어서 한 인간의 가능성을 빼앗고, 때론 그에게 극심한 제한을 줄 수 있다. 그러면 어떻게 될까?

프랭클의 글은 불행으로 비본질적인 것이 모두 '녹아서 없어지고', '돈, 권력, 명예가 (……) 의심스러워지거나'(프랭클의 말을 그대로 옮겼다) 이를 잃어버렸을 때 '자기'를 만나도록 격려한다. 우리 삶에 더는 선택의 여지가 없을 때 우리의 '자기Selbst'는 관심을 기울일 가치가 있다. 나는 최근 출간된 책에서 인간의 자기를 집중적으로 다루었다.[1] 프랭클에 따르면 인생의 핵심 과제는 내적으로 삶에 잘 자리 잡는 데 있다. 프랭클은 주의를 계속 딴 곳으로 돌리는 것과 일상에서 주변의 물질적인 잡동사니가 사라질 때 '자기를, 즉 가장 본래적인 것을' 보존하려면 '내적 능력'을 발전시키는 것이 필요하다고 보았다.

하지만 자기와 소통하지 않는 사람이 어느 날 갑자기 불행에 빠져 무엇이 자신의 삶을 본질적이고, 가치 있고, 의미 있게 만드는가 하는 물음과 대면하는 상황에 놓이면 무감각한 상태에 빠질 위험에 처할 수밖에 없다. 프랭클은 '정신적인 무너짐은 (……) 또한 신체적 쇠퇴로 이어진다'라는 사실을 잘 알았다. 자기 힘이 쇠한 사람의 경우 면역 체계가 약하고, 이로써 질병, 종양 질환에 저항하는 힘도 마찬가지로 약화된다.[2] 총체적으로 사고한 의사 빅터 프랭클은 바로 이 점을 이 강연 원고에서 언급하며 무엇이 오늘날 심신 의학psycho-somatic medicine, 心身醫學의 핵심을 이루고, 더 나아가 무엇이 현대 정신 종양학psycho-oncology, 精神腫瘍學*의 학문적 입장인가를 미리 이야기하고 있다.

## 인생의 의미의 원천

빅터 프랭클이 우리 삶에 의미를 부여할 수 있는 원천을 보여 주는 방식은 매우 놀랍다. 오늘날 세계적으로 점점 더 많은 사람을 불안하게 하는 것은 (그리고 더욱 강력하게 다양한 영적 체험에 관심을 기울이게 하는 것은) 물질적인 풍요 자체가 의미 있는 사건이 아니라는 깨달음에 있다. 프랭클은 이렇게 말했다.

---

* 심리 종양학이라고도 하며 암 환자의 심리를 다루는 새로운 학문이다. – 옮긴이

쾌락 자체는 현존재에 의미를 부여할 힘이 전혀 없다. (……) 행복은 결코 목표가 되면 안 되고, 되어서도 안 되고, 될 수 없으며 단지 결과일 뿐이다.

이로부터 빅터 프랭클은 중요한 사상을 전개했는데, 그것은 그가 발전시킨 실존 철학적 개념의 핵심을 이룬다.

이제부턴 '내가 삶으로부터 무엇을 기대할 수 있는가?' 하고 [물어선 안 되고] '삶이 나에게 기대하는 것은 무엇인가?'를 물어야 한다.

프랭클은 삶이란 우리가 대답해야 할 질문을 스스로에게 던지는 것이라고 말했다. 그리고 그것에 답변할 때에만 의미를 충족시킬 수 있다고 보았다.

빅터 프랭클은 살아가는 동안 우리에게 던져진 질문들에 대답하는 데 있어 우리가 가진 도구로 적극적인 행위와 타인을 향한 애정 그리고 (자연의 아름다움을 포함한) 아름다운 감동의 체험을 꼽았다. 그러면서 행동할 수 있는 가능성을 박탈당한 사람에게는 사랑받은 체험(경험을 포함)이 남아 있고 '행동을 초월해 세계를 수동적으로 받아들이면서 자신에게 삶의 의미를 (……) 부여하는 것'이 가능하다고 덧붙였다.

　프랭클은 의미의 잠재적 원천을 숙고하는 대목에서 독자들을 가장 깊은 심부로 이끌고 간다. 그는 인간에게 부과된 거의 해결되지 않은 고통도 의미의 원천이 될 수 있다고 믿었고, 인간이 내적으로 자신의 고통을 받아들이는 방식은 의미 있는 행위가 될 수 있다고 봤다.

　이 세상에 존재하는 어떤 외적인 실패와 좌절도 질병과 죽음으로 밝혀질 수 있는 의미까지 결코 해치지 않는다(해칠 수 없다).

　프랭클은 이렇게 주지하면서 '내적인 성공'에 관해 이야기했다. 그리고 인생의 의미는 대부분 '우리가 외적인 운명에 대응하는 방식'에 있음을 강조했다.

　이 책에서는 오늘날 트라우마, 즉 외상 연구에서 집중적으로 다루는 최신 문제를 많이 언급하고 있다. 질병과 트라우마는 당사자가 충분한 사회적 혹은 치료적 지원을 받은 후에 부담을 주기도 하지만, 동시에 '외상 후 성장posttraumatic growth'이라고 부르는 것에 이르게 할 수도 있다. 프랭클은 또한 인간의 영혼이 '최소한 어느 정도까지 그리고 일정한 한도 내에' 고통을 경험하며 강화될 수 있다면서 이렇게 역설했다.

고통이 의미가 있는가 그렇지 않은가는 인간에게, 오직 그에게
만 달려 있다.

## 즉물성과 인간성 사이에 있는 현대 의학

이 책에 실린 프랭클의 강연 원고에서 매우 설득력 있는 내용 중
하나는 의사와 환자의 관계에 대해 상술한 부분이다. 위중한 병이 수
반하는 정신적 위기를 겪으며 환자들이 자기 힘을 회복할 수 있는 길
을 찾기란 쉽지 않다. 그때 병 속에 숨은 의미를 발견하고, 잃어버린
자신의 힘을 되찾고자 할 때 환자에게 필요한 것은 좋은 의사다.

나치에게 붙잡혀 수용소에 갇히기 전, 신경과 전문의가 된 지
얼마 되지 않았을 때 빅터 프랭클은 정통 의학에 참신한 비판을 가
한 적이 있다. 아니, 비판이라기보다는 환자를 하나의 '사례'로 그리
고 '병든 자원'으로 만드는 현대 의학에 내재한 위험성을 자세히 설
명했다는 말이 맞겠다. 프랭클이 인용한 이러한 개념이 더 이른 시
대에 나왔다고 본다면 그것은 착각이다. 나는 수많은 동료들이 환자
와 인사(인적 자원)에 대해 이렇게 말하는 것을 들었다. 프랭클이 말
한 대로 옮겨 보면 이러한 개념들은 '의사와 의사 쪽의 물화物化에 의
한 거리 두기 경향이 인간으로부터 얼마나 멀어져 있는지' 잘 보여
준다. 따라서 '좋은 의사는 언제나 즉물성에서 벗어나 인간성으로

돌아갈 것을 상기想起합니다'라는 프랭클의 글을 읽고 있으면 마치 오늘날 의학에 보내는 메시지처럼 들린다. 예컨대 장기 기증이 평범한 일이라고 공표한 태도에서 나타나듯이, 오늘날 의학의 직무로 개인에게 무언가를 요구할 자격이 있다고, 공공이 옳다고 말하는 것을 프랭클이 들으면 뭐라고 할지 궁금하다. 이에 대해 독자들은 책을 읽고 스스로 판단하면 좋겠다.

프랭클의 글을 읽으면서 특히 감동받은 구절 가운데 하나는 환자의 개별적인 모습은 의사에 의해 그대로 비추어진다고, 더 깊은 의미로 '보여야' 한다고 진술한 부분이다. 프랭클은 그것을 가리켜 '환자 안에 있는 인성을 맨 처음 발견하고, (……) 더 나아가 환자 안의 인성을 일깨워 주는 의사 안의 인간성'이라고 말했다. 이 얼마나 놀라운 말인가! 인간에게는 비추기와 보이기가 필요한데, 여기서 말하는 것은 무엇보다 불행한 일을 당했거나 병에 걸린 인간이다. 인간은 의사뿐만 아니라 모든 사람에 의해 비추기와 보이기가 필요한 존재다. 고통 속에서 어떤 의미를 찾고, 또 주어진 힘든 상황에서 적절한 태도를 발전시키는 시도를 하려면 다른 누군가가 필요하다. 수용소에서 수감자들은 모두 '어떻게든, 어디서든, 그게 누구든 눈에 보이지 않게 자신을 소중하게 여긴 사람이 있었다는 것을 (……) 알았다'. 프랭클은 '타인의 실존, 타인의 존재'를 거듭 강조하면서, 그들 없이 나의 자기를 보존하고 삶의 과제를 수행하는 것은 불가능하다고 지적했다. 여기서 프랭클의 글은 오늘날에도 시사하는 바가 매우 크다는 것을 알 수 있다. 나의 자기를 획득하고, 발전하고, 보존하려면 우리 인간 사이에 공명이 필요하다는 것이 최근의 생각이다.[3]

많은 독자가 이 책에 실린 글에 큰 관심을 갖기를 바란다. 빅터 프랭클의 글을 읽는다는 건 한 개인에게 엄청나게 유익한 일이라는 사실은 의심할 나위가 없다.

2019년 여름, 베를린에서
요아힘 바우어[*]

---

[*] Joachim Bauer. 내과의, 정신과의, 심리 치료사이자 수많은 실용서를 쓴 저명한 작가다. 또 오랫동안 신경학 연구 분야에서 일하기도 했다. 현재 베를린에서 살면서 가르치고 일한다. www.psychotherapie-prof-bauer.de

# 편집자 주

여기 실린 글은 빅터 프랭클이 1946년 3, 4월에 걸쳐 오스트리아 빈 노동자 주거 지역인 오타크링Ottakring 시민 대학에서 강연할 때 사용한 원고들이다. 이 원고는 같은 해에《그럼에도 삶에 '예'라고 말하네…trotzdem Ja zum Leben sagen》라는 제목의 책으로 출간됐다(부제는 세 개의 강연). 이번에 선보인 개정판을 위해 새로운 제목이 필요했는데, 그 이유는 프랭클이 — 그 유명한 〈부헨발트의 노래Buchenwaldlied〉에서 인용한 — 위의 주 제목을 〈동시에 말하는 자작나무 숲〉이라는 희곡과《한 심리학자가 강제 수용소를 경험하다Ein Psycholog erlebt das KZ》라는 책을 새로 출간할 때 한 번 더 사용했기 때문이다.

이번에 나온 신판에서는 새로 개정된 독일어 맞춤법에 따라 텍스트를 다듬었다. 이와 함께 더 이상 시대에 맞지 않는 단어들, 이를테면 '정신병자 시설', '깜둥이', '정신병자', '말살', '저능한, 지적으로 뒤떨어진 아이들' 등 이 강연이 열리던 당시 빅터 프랭클이 일상과 의학 용어로 자연스럽게 사용한 단어들도 조심스럽게 다른 말로 고쳐서 실었다.

# 인생의 의미와
# 가치에 관하여

## I

*Viktor Emil Frankl*

오늘날 인생의 의미와 가치에 관해 말하는 것은 그 어느 때보다 더 필요한 일일지도 모릅니다. 다만 문제는 그것이 가능한가 그리고 어떻게 가능한가 하는 점입니다. 그것은 오늘날에는 훨씬 더 쉽습니다. 왜냐하면 인간의 실존과 가치는 물론, 인간 존엄의 유의미성 문제와 관련된 수많은 것에 대해 자유롭게 말할 수 있게 됐으니까요. 하지만 다른 한편으로는 '의미', '가치', '존엄'에 관해 말하는 것이 지금은 다시 어려워졌습니다. 그럼에도 우리는 스스로에게 물어야 합니다. 이 단어들을 아무렇지 않게 입에 올릴 수 있는가, 이제 이 말들의 의미가 의심스러워지지 않았는가, 지난 세월이 이러한 말들이 의미한 혹은 의미했던 것을 모조리 거부하는 부정적인 선전(프로파간다)을 너무 많이 만들어 낸 것은 아닌가 하고 말입니다.

지난날의 선전은 말하자면 모든 의미에 맞서고 또 현존재現存在의 유의미한 가치에 맞서는 선전이나 다름없었습니다! 솔직히 요 몇 년 동안 인간의 삶이 무가치하다는 것을 증명하려고까지 했습니다.

철학자 칸트Immanuel Kant, 1724~1804 이래로 유럽 사상은 인간의 고유한 존엄을 둘러싸고 명확하게 진술하는 법을 알았습니다. 칸트 본인도 정언 명령定言命令 두 번째 정식에서 '모든 사물에는 가치가 있고 인간에게는 존엄이 있다'라고 하면서 '인간은 결코 목적을 위한 수단이 되어선 안 된다'라고 역설했습니다. 그렇지만 지난 몇십 년간의 경제 질서를 보면 대부분 노동하는 인간은 말 그대로 도구가 됐고 경제적 삶의 도구로 전락했습니다. 더 이상 노동은 목적을 위한 수단, 삶의 수단이 아니었습니다. 오히려 인간과 삶이, 생명력과 노동력이 목적을 위한 수단이 돼 버렸지요.

그런 다음 전쟁이 일어났습니다. 전쟁에서 인간과 삶은 심지어 죽음에 바쳐졌습니다. 그리고 강제 수용소가 뒤따랐습니다. 그곳에선 죽을 것이라 여겨진 생명조차 마지막 남은 날까지 계속 이용당하기만 했습니다. 대체 강제 수용소에는 어떤 생명의 가치 절하가, 어떤 인간의 치욕과 굴욕이 있는 걸까요? 이를 알아보려면 상상해 봅시다. 한 국가가 사형을 선고한 사람들을 어떻게든 계속 이용하고, 사형을 집행하는 마지막 순간까지 노동력을 착취하는 모습을 상상해 봅시다. 잘 생각해 보면 그건 사람들을 바로 죽이거나 마지막 날까지 먹이는 것보다 훨씬 더 합리적일지도 모릅니다. 그렇지 않다면 우리가 '수프를 먹을 자격도 없다'라는 말을 강제 수용소에서 그렇게 많이 듣지 않아도 됐겠지요. 수프는 하루에 딱 한 번 주어진 유일한 식사였는데, 우리는 토공일로 수프 값을 치렀습니다. 우리 같은 무가치한 사람은 그 과분한 하사품을 당연히 그에 어울리게 맞아야 했습니다. 수프를 받을 때 수감자들은 모자를 벗었습니다. 우리 생명에 수프 먹을 자격이 없었던 것처럼 우리의 죽음 역시 하찮은 것이었습니다. 우리에겐 총알을 쓰는 것도 아까웠고 그저 치클론

B*만이 걸맞았습니다.

결국 정신 병원에서는 집단 학살이 벌어졌습니다. 매우 비참한 방법일지라도 더 이상 '생산적'이지 않은 생명은 말 그대로 '살 가치가 없다'고 여겨졌음이 그때 분명히 밝혀졌습니다.

하지만 방금 말씀드린 것처럼 무의미도 그 시대가 선동한 것이라고 했습니다. 그 사정은 무엇일까요?

오늘날 삶의 감정에는 의미에 대한 믿음이 들어설 자리가 거의 없습니다. 우리는 지금 전형적인 전후戰後 시대에 살고 있습니다. 신문 기사처럼 들릴지 모르겠습니다만, 오늘날 인간의 기분, 마음 상태는 '정신적으로 폭격당했다'라는 말이 아주 정확한 표현입니다. 만약 어디서든 감정의 지배를 받지 않은 채 다시 전쟁이 일어나기 전 시대에 산다면, 모든 것은 그렇게까지 나쁘지 않을 겁니다. 원자 폭탄의 발명은 전 세계적으로 대참사에 대한 공포를 계속 키우고 있고, 일종의 지구 종말의 분위기가 20세기 마지막을 점령하고 있습니다. 이미 우리는 역사를 통해 종말의 분위기를 잘 알고 있습니다. 그것은 10세기 초와 10세기 말에도 있었습니다. 여러분도 잘 아시다시피 지난 세기엔 세기말적 분위기가 팽배했는데, 그것은 패배주의적인 것으로만 그치지 않았습니다. 그런 모든 분위기의 뿌리는

---

\*    Cyclon B, 나치가 공동 샤워실이라고 위장한 가스실에서 유대인을 살해할 때 사용한 독가스. 보통 청산가리로 알려져 있다. – 옮긴이

숙명론에 자리 잡고 있습니다.

　그러나 숙명론으로 정신적 복구에 나설 수는 없습니다. 우리는 먼저 숙명론부터 극복해야 합니다. 그때 한 가지 주의해야 할 것이 있습니다. 오늘날 값싼 낙관주의로는 지난 시대가 초래한 것을 더 이상 가볍게 넘어갈 수 없습니다. 우리는 비관적으로 변했습니다. 우리는 이제 독립적으로 관철된 것이 아닌 이상 전적으로 진보를, 인류의 발전을 믿지 않습니다. 자동적인 진보에 대한 맹목적인 믿음은 배부른 속물의 일이 돼 버렸습니다. 오늘날 이러한 믿음은 반동적이라고 할 것입니다. 우리는 이제 인간이 무엇을 할 수 있는지 잘 압니다. 만일 지난 시절과 현재를 보는 견해 사이에 근본적인 차이점이 있다면, 그것은 다음같이 말할 수 있습니다. 예전에는 행동주의가 낙관론과 연결돼 있었다면, 오늘날의 행동주의는 비관주의를 전제로 합니다. 왜냐하면 오늘날 행동하는 모든 동력은 아무런 의심 없이 믿을 수 있는 진보란 없다는 지식에서 비롯되기 때문입니다. 무엇이 얼마만큼 '진보했는가' 하는 것은 우리 각자에게 달려 있습니다. 때문에 우린 마냥 수수방관할 수만은 없습니다. 우리가 잘 아는 것은 각 개인의 내적인 진보밖에 없다는 것과 일반적인 진보는 기껏해야 기술의 진보에 있다는 겁니다. 이것도 단지 우리가 기술 시대에 살고 있기에 진보라고 감탄을 자아내는 것뿐입니다. 우리의 행동 능력은 오로지 비관주의에서만 나오고, 회의적인 태도로만 일할 수 있습니다. 그러는 사이 오래된 낙관주의는 우리 마음을 안심시키면서 마치 장밋빛 숙명론이라도 가져올 것처럼 굽니다. 이 장밋빛 숙명론보다는 차라리 냉정한 행동주의가 더 낫지 않을까요?

이러한 회의에도 인생의 의미에 대한 믿음이 흔들리지 않는다면 그것은 얼마나 강해야 할까요? 그 믿음이 회의와 비관주의까지 떠안고 감수해야 한다면, 우리는 인간이 현재 살아 있는 의미와 가치를 대체 얼마나 믿어야 할까요? 그것도 온갖 열정이 심하게 남용되고 이상주의에 몹시 실망한 시대라면 말입니다. 하지만 우린 이상주의나 열정에 호소할 수밖에 없습니다. 오늘날의 세대, 오늘날의 젊은이들 — 그나마 이상주의와 열정을 찾아볼 수 있는 젊은 세대 —에겐 더 이상 롤모델이 없습니다.

단 한 세대만이 지켜봐야 했던 변화가 너무나 많았습니다. 사람들은 외부적으로 매우 많은 붕괴를 겪었고, 그 결과 내적인 붕괴까지 체험해야 했습니다. 그것은 한 세대가 감당하기엔 실로 엄청난 것이라서 우리는 선뜻 그들의 이상주의와 열정을 믿을 수는 없었습니다.

지난 시절을 겪고 난 후 온갖 강령과 구호와 원칙들은 완전히 신빙성을 잃어버렸습니다. 어떤 것도 남아 있는 게 불가능했습니다. 그리하여 동시대 철학이 세계는 무로 이루어졌다고 한다 해도 전혀 놀랍지 않았습니다. 하지만 이러한 허무주의를 거치고, 비관주의와 회의를 거치고, 새것이 아닌 옛것이 된 '즉물성'의 냉정함을 거쳐 이제 우린 새로운 인간성에 도달해야 합니다. 왜냐하면 과거의 나날들이 우리가 현실을 직시할 수 있도록 해 주었기 때문입니다. 그러나 지난 시간은 인간적인 것이야말로 가치가 있다는 것을 보여 주었고, 또 모든 것은 인간에게 달렸다는 것도 가르쳐 주었습니다. 남는 것은 '오로지' 인간뿐이라는 것을 말입니다! 왜냐하면 인간은 과거의 온갖 오물 속에서 살아남았으니까요. 그는 또 강제 수용소의 체험 속에서도 살아남았습니다. (바이에른주 어딘가에 강제 수용소 하나가 있었습니다. 그곳 수용소 소장은 나치 친위대 병사였는데, 그는 남몰래 자기 호주머니를 털어 그 돈을 정기적으로 가까운 장터에 있는 약국에서 '자신의' 수감자들에게 줄 약을 구입하는 데 썼습니다. 반면 같은 수용소 막사에 있었던 한 고참은 본인도 수감자이면서 다른 수감자들을 매우 무자비하게 학대했습니다. 이렇게 똑같은 인간이라도 다 달랐습니다!)

남은 것은 인간, '적나라한' 인간이었습니다. 그때는 돈, 권력, 명예 모든 것이 인간에게서 떨어져 나왔습니다. 목숨, 건강, 행복 그 어떤 것도 더는 확실치 않았습니다. 자만심, 명예욕, 관계 모든 것이 다 의심스러웠습니다. 모든 것이 벌거벗은 실존으로 되돌아갔습니다. 비본질적인 것은 모조리 고통으로 불타 온데간데없이 사라졌습니다. 인간은 본질적인 것으로 녹아들었습니다. 군중 속의 어떤 이, 본래 아무도 아닌 존재, 무명씨, 무명의 것(!) — '그가' 단지 수감자

번호에 지나지 않던 것 ― 으로 말입니다. 그렇지 않으면 인간은 자기 자신에게로 녹아들었습니다. 그러면 선택 같은 것도 있지 않았냐고요? 그건 별로 놀라운 일이 아닙니다. 왜냐하면 인간이 철저히 맨몸뚱이로 되돌아간 '실존'이 다름 아닌 선택이니까요.

하지만 인간의 선택을 돕는다는 것은 불가능했습니다. 선택에 있어 아주 결정적인 것은 타인의 실존, 타인의 존재, 다시 말해 선택의 본보기가 되는 존재였습니다. 이는 그 어떤 이야기보다, 그 어떤 글보다 유용했습니다. 존재는 언제나 말보다 더 중요하기 때문입니다. 사람들은 그것이 책을 쓰거나 강연하는 것보다 중요하지 않은지늘 자신에게 물어야 했고, 또 묻기도 합니다. 각자 자기 존재 안에서 목적을 실현하는 것을 말이죠. 실현된 것은 매우 큰 효력을 지니고 있습니다. 말은 그것만으로는 아무런 힘이 없습니다. 한 가지 예를 들어 보겠습니다. 언젠가 저는 한 여성의 전화를 받은 적이 있는데, 그 여성은 자살을 했습니다. 그녀의 소파 위 벽에 걸려 있던 깔끔한 액자에는 격언이 적혀 있었습니다.

운명보다 강력한 것은 흔들림 없이 운명을 떠받치는 용기다.

하지만 그녀는 그 격언 아래서 스스로 목숨을 끊었습니다.

확실한 건 자신의 존재로 영향을 끼칠 수 있고 끼쳐야 할 본보

기가 되는 인간은 매우 드물다는 것입니다. 이러한 사실을 비관주의
는 잘 압니다. 하지만 바로 이것이 동시대의 행동주의를 구성하고,
소수의 사람들에게 막대한 책임감을 갖게 합니다. 옛 신화에서는 세
계의 실존이 의로운 인간 36명이 항상 이 세상에 존재하는 데 기인
한다고 말합니다. 단지 36명! 이것은 보이지도 않는 극소수입니다.
그렇지만 그들은 온 세계의 도덕적 존립을 보증해 주는 사람들입니
다. 그런데 신화는 계속해서 이야기합니다. '의로운 인간'이라고 인
정받은 사람 중 하나가 주변, 이웃에게 자신의 본심을 들키면 바로
사라져서 '은둔'하고, 그런 뒤 바로 죽게 된다고 말이죠 이 이야기가
의미하는 것은 뭘까요? 사람들은 본보기가 되는 자의 교육적인 경
향을 알아차리는 순간 기분이 매우 언짢다고 한다면, 그것은 틀린
말은 아닐 것입니다. 인간은 가르치는 말투로 훈계받는 것을 좋아하
지 않습니다.

   이것은 무엇을 의미할까요? 지금까지의 이야기는 우리에게 무
엇을 알려 주었을까요? 그것은 두 가지입니다. 생각이 같은 사람이
아주 적을지라도 문제의 핵심은 결국 각 개인에게 있다는 것, 모든
것은 개인이 단지 말뿐이 아니라 창조적으로 행동하면서 삶의 의미
를 자기 존재 안에서 실현하는 데 달려 있다는 것입니다. 그때 중요
한 것은 과거의 부정적인 선전이나 '무의미'한 선전을 또 다른 선전
으로, 즉 첫 번째는 개인적인, 두 번째는 능동적인 선전으로 대치시

키는 것이라고 할 수 있습니다. 오직 이렇게 해서만이 긍정적으로 될 수 있습니다.

지금까지 오늘날 사람들은 어떤 의미 때문에, 어떤 의미에서, 어떤 정신으로 인생의 의미와 가치의 대변자가 될 수 있을까 하는 질문들을 살펴보았습니다. 그런데 현존의 의미에 대해 이야기할 때마다 의미는 먼저 의심부터 받습니다. 의미에 대해 분명하게 물어본다는 것은, 이미 어떻게든 그 의미를 의심했다는 뜻입니다. 인간 현존의 의미를 의심하는 것은 쉽게 절망에 빠지게 합니다. 이러한 절망은 우리에게 자살을 결심하게 합니다.

만약 자살에 관해 논의하려면 자살하려는 마음을 생기게 한 네 가지 본질적인 동시에 본질적으로 다른 원인을 구별해야만 합니다. 첫 번째는 자살이 정신적인 것이 아닌 몸, 즉 육체적 상태의 결과라고 할 수 있습니다. 여기에 해당하는 사람은 마지막에 몸이 초래한 정신 이상으로 강박적이다시피 스스로 목숨을 끊으려고 한 경우입니다. 당연한 말이지만 이 경우는 오늘 강연에서 다루는 내용에 포함되지 않습니다. 다음은 자신이 주위에 끼칠 영향을 미리 계산하고 자살을 결심한 경우입니다. 여기에 속하는 사람은 자살로 다른 누군가에게 복수하려는 자로, 복수심에 휩싸여 관련된 사람이 평생 죄책감에 시달리게끔 영향을 주려고 합니다. 즉 자신이 죽은 데 관련인이 계속 죄의식을 느껴야 한다는 거지요. 이 경우도 마찬가지로 인생의 의미를 묻는 것과는 상관이 없기 때문에 논의에서 제외됩니다. 세 번째는 단순히 지쳐서, 삶에 지쳐서 자살을 결심한 경우입니다. 이런 고단함은 하나의 감정입니다. 여러분도 아시다시피 감정에는 논거가 없습니다. 단지 지치고, 고단함을 느낀다는 것이 절대 생을 멈춰야 할 이유가 될 순 없습니다. 이보다는 계속 사는 것이 의미 있는가, 정말 고단함을 극복할 가치가 있는가 하는 물음에 달렸습니다. 이때 꼭 필요한 것이 있습니다. 그것은 다름 아닌 삶의 의미에, 현존하는 삶의 고달픔에도 계속 살아야 하는 의미에 관한 물음에 답하는 것입니다. 그러므로 삶의 고단함은 계속 살아야 하는 것을 반대할 이유가 될 순 없습니다. 계속 살아가는 것은 오로지 절대적인 의미를 알 때에만 가능할 것입니다.

실제로 이 논의에 해당되는 네 번째 경우는 계속 살아가는 것, 바로 삶의 의미를 전혀 믿지 못해서 자살을 시도하는 사람들입니다. 이러한 동기를 가진 자살은 보통 이성적 자살rational suicide이라고 부르기도 합니다. 이성적 자살은 소위 삶의 대차대조표가 마이너스일 때 발생합니다. 어떤 사람이 대차대조표를 작성해 자산과 부채를 비교하고, 자기 삶에 어떤 빚이 있고 무엇을 더 얻을 수 있는가를 비교한 후 결과가 부정적이라고 판단하면 자살하는 방향으로 움직입니다. 그럼 이제부터 이 대차대조표를 자세히 살펴보도록 하겠습니다.

일반적으로 괴로움과 고통은 모두 자산 쪽에 자리하고, 도달하지 못한 행복은 모두 부채 쪽에 자리 잡고 있습니다. 하지만 이러한 대차대조표는 근본적으로 잘못된 것입니다. 왜냐하면 흔히 말하듯 인간은 '재미를 위해 사는 것이 아니기' 때문입니다. 이 말은 존재와 당위라는 이중의 의미에서 볼 때 맞는 말입니다. 이것이 잘 와닿지 않는 분이 있다면 한 러시아 실험 심리학자가 쓴 글을 읽어 보면 좋을 것입니다. 이 심리학자는 보통 사람들이 일상생활에서 쾌감보다 불쾌감을 더 크게 체험한다는 것을 증명했습니다. 그러므로 재미를 위해 사는 것은 애초부터 불가능한 일일지도 모르겠습니다. 그런데 그게 꼭 필요한 것일까요?

　사형을 선고받은 남자를 상상해 봅시다. 그는 형 집행을 몇 시간 앞두고 마지막으로 먹을 음식을 고를 수가 있습니다. 간수가 감방에 들어와 무엇이 먹고 싶은지 묻고 여러 가지 맛있는 음식을 내놓습니다. 하지만 사형수는 이 모든 음식을 거부합니다. 그는 생각하지요. 이제 몇 시간 뒤면 시체로 변할 자신의 위 속에 맛있는 요리를 채워 넣느냐 마느냐 하는 것이 얼마나 무의미한지 말입니다. 또 장기의 대뇌 신경 세포에서 일어날 수 있는 쾌감 역시 두 시간 후면 영원히 사라질 거란 정황을 고려할 때 아무 의미가 없다고 생각합니다.

　그렇지만 우리가 될 수 있는 대로 크고 많은 쾌락을 싹싹 긁어모으는 것을 계속 추구하든 더는 아무것도 추구하지 않든, 삶은 죽음의 면전에서 일체 멈춰 버립니다. 만약 이 사형수의 생각이 옳다면 우리 일생은 처음부터 끝까지 무의미할 것입니다. 쾌락 자체는 존재에 그 어떤 의미도 줄 수 없습니다. 마찬가지로 무기력도 ― 이제 우리는 이러한 사실을 압니다 ― 삶으로부터 의미를 빼앗을 순 없습니다.

자살을 시도하다 구조돼서 생명을 건진 남자가 있습니다. 그는 언젠가 제게 털어놓았습니다. 자기 머리에 총을 쏘려고 차를 타고 도시 외곽으로 나가려 했다고요. 당시는 때늦은 밤이었고 전차도 끊긴 터라 그는 택시를 잡으려 했습니다. 그런데 바로 그때 택시 타는 데 돈을 쓰고 싶지 않다는 마음이 들더랍니다. 그는 죽음을 앞둔 마당에 이러한 생각을 할 수 있다는 것에 웃음이 나왔다고 했습니다. 죽기 직전 돈을 아까워하는 자신의 모습이 자살을 결심한 사람에겐 무의미해 보였음이 틀림없습니다. 이 모든 것이, 삶 속에서 행복을 기대하는 인간의 이러한 자각이 얼마나 아름다운지 인도의 시인 라빈드라나트 타고르Rabindranath Tagore, 1861~1941는 어느 시에서 이렇게 노래했습니다.


잠들어 꿈을 꾸었습니다
삶은 기쁨인 듯했습니다
잠에서 깨어나 보았지요

삶은 의무였습니다
나는 일했고 이제는 알아요
그 의무가 기쁨이었다는 걸

이 시는 우리가 앞으로 계속 생각해 봐야 할 길에 대한 방향을
미리 보여 주었습니다.

인생은 의무입니다. 유일하고 커다란 책임입니다. 하지만 삶에
는 기쁨도 존재합니다. 기쁨은 추구할 수 있는 것이 아니고, 바랄 수
있는 것도 아닙니다. 그것은 오히려 스스로 나타나야 합니다. 마치
결과가 모습을 드러내듯, 스스로 제 모습을 드러냅니다. 이에 행복
은 결코 목표가 돼선 안 되고, 될 수도 없고, 되지 못하며 오직 결과
일 따름입니다. 즉 타고르의 시에서 의무라고 부르는 것, 우리가 나
중에 더 자세히 알아보려는 것을 이행한 결과 말입니다. 인간은 온
갖 행복을 추구하지만, 행복을 쉽게 얻을 수 있는 것으로 여기고 붙
잡지 않을 때 그르칠 수밖에 없습니다. 실존주의 철학자 키르케고르
Søren Kierkegaard, 1813~1855가 지혜로운 비유를 이야기했습니다. 행복에
이르는 문은 '밖을 향해' 열려 있다고 말입니다. 그래서 행복의 문을
밀고 들어오려는 자에게 그 문은 닫혀 버립니다.

언젠가 삶에 권태를 느낀다는 두 사람이 ─ 우연히 동시에 ─
저와 마주 보고 앉았습니다. 한 명은 남자, 다른 한 명은 여자였습니

다. 둘은 이구동성으로 '삶에 바라는 것이 더는 없어서' 인생이 무의 미하다고 불평했습니다. 어쨌든 그들의 말은 틀리지 않았습니다. 그 런데 이와는 달리 두 사람을 기다리는 무언가가 있었습니다. 학문적 인 저술은 남자를, 멀리 외국에 살며 연락이 두절된 자녀는 여자를 필요로 했지요. 모두에겐 — 칸트의 표현을 빌리자면 '코페르니쿠 스적' — 전환이 일어나야 했습니다. 180도 바뀐 생각의 전환, 더는 "내가 삶에 바라는 것은 무엇인가?" 묻는 대신 "삶이 내게 바라는 것 은 무엇인가?" 물을 수 있는 전환이 필요했습니다. 내 앞에 놓인 인 생의 과제가 무엇인가 하고 말입니다.

　이제 우리는 인생의 의미에 관한 물음이 잘못됐다는 것도 압니 다. 흔히들 질문받는 것처럼 질문한다면 말이죠. 우리는 인생의 의 미를 물을 수 없고 — 인생이 우리에게 질문하는 것입니다 — 답변 자일 뿐입니다! 우리는 대답해야 하는 자입니다. 끊임없이 이어지 는 삶의 물음, '생사의 문제'에 답해야 하는 존재입니다. 삶 자체는 질문을 받는 것 외엔 아무것도 아닙니다. 우리 존재는 모두 인생에 대답하는 것, 책임지는 것 외엔 아무것도 아닙니다. 이런 생각에서 보면 미래는 있건 없건 우리를 더는 놀라게 하지 못합니다. 현재가 전부이고, 현재야말로 끝없이 새로운 삶의 물음을 감추고 있기 때문 입니다. 모든 것은 우리가 바라는 것에 달려 있습니다. 하지만 무엇 이 미래에 우리를 기다리고 있는가 알 필요는 없습니다. 또 어떻게 그것을 알 수 있는가도 마찬가지입니다. 이와 관련해서 제가 자주 입에 올리는, 아주 오래전 신문에 난 짧은 기사를 하나 소개하겠습니다.

무기 징역을 선고받은 흑인이 악마의 섬으로 추방됐습니다. 그를 실은 '레비아탄'*이란 배가 멀리 바다에 도착했을 때 갑자기 불이 났습니다. 위급한 상황에서 그는 묶였던 사슬에서 풀려나 구조 작업에 투입됐습니다. 그리고 열 명의 생명을 구했지요. 나중에 그는 이 일로 사면을 받습니다. 그러면 질문을 하나 해 보겠습니다. 만일 그 죄수가 마르세유 부두에서 배에 오르기 전에 계속 사는 것이 무슨 의미가 있겠냐는 질문을 받았다면, 또 그가 그 말을 듣고 놀라워했다면 죄수를 기다린 것은 무엇이었을까요? 무엇이 그를 기다리고 있는지, 어떤 위대한 시간이나 어떤 유일무이한 행동을 할 수 있는 절호의 기회가 그를 기다리고 있을지 아는 사람은 아무도 없습니다. 또한 레비아탄에 몸을 실은 흑인 손에 열 명이 구조될 거라는 사실도 그렇습니다.

하지만 삶이 우리에게 던지는 질문과 우리가 답하면서 순간의 의미를 깨달을 수 있는 질문은 시시각각으로 변합니다. 사람에 따라서도 변합니다. 다시 말해 질문은 순간순간 개인에 따라 천차만별입

---

\*     Leviathan, 구약 성경 〈욥기〉 40~41장에 나오는 거대한 바다 괴수 – 옮긴이

니다. 우리는 질문이 구체적으로, 즉 지금 여기라는 구체성 안에서 이루어지지 않는 한, 인생의 의미에 관해 던지는 질문은 무의미하다는 것도 압니다. 이런 관점에서 볼 때 '특정한' 인생의 '특정한' 의미에 대해 묻는 것도 순진하게 보일 수밖에 없습니다. 이는 마치 체스 세계 챔피언을 인터뷰하는 자리에서 기자가 "세계 챔피언이 되셨는데 어떤 수읽기를 최고로 꼽으십니까?" 하고 묻는 것이나 똑같습니다. 특정하거나 구체적인 게임 상황과 구체적인 체스말 배치를 뛰어넘어, 도대체 좋은 수읽기, 심지어 최고라 할 수 있는 특정한 수읽기라는 것이 존재하기는 할까요?

수년 전에 있었던 일입니다. 어느 조촐한 자리에서 인생의 의미에 관한 이야기를 시작하기 전 저에게 말을 건넨 젊은 친구도 순진하긴 마찬가지였습니다. 그는 대략 이렇게 말했습니다.

"프랭클, 지금 가나? 날 언짢게 여기진 않았으면 하네. 오늘 저녁에 장인, 장모가 될 분들의 초대를 받았어. 꼭 가 봐야 해서 자네 강연을 들을 수 없군. 괜찮다면 삶의 의미가 뭔지 빨리 말해 줄 수 있겠나?"

그때그때 우리를 기다리고 있는 것, 이 구체적인 '순간의 요구'에는 다양한 의미가 담긴 답변이 필요할지 모릅니다. 특히 우리의 답변은 능동적인 답일 수 있습니다. 행동으로 답하는 것, 실천하는 행위나 창조하는 작품으로 구체적인 삶의 문제에 답하는 것 말입니다. 하지만 여기서도 고려해야 할 것이 몇 가지 있습니다. 지금 제가 이야기하는 것도 실재적인 체험에 의거할 때 가장 효과적으로 전달될 수 있습니다. 언젠가 한 청년이 제 앞에 앉아서 저와 함께 삶의 의미와 무의미에 대한 물음으로 논쟁을 벌였습니다. 당시 청년은 이렇게 이의를 제기했습니다.

"선생님은 쉽게 말씀하십니다. 선생님은 상담소를 열고, 사람들을 돕고, 그들에게 용기를 주시죠. 하지만 전 그저 재단사 조수에 불과합니다. 제가 뭘 할 수 있나요? 제 행동이 어떻게 삶에 의미를 줄 수 있느냐 말입니다!"

청년은 자신이 삶의 어디쯤 있는지, 어떤 일을 하는지보다 어떻게 자기 자리를 채웠는지가 더 중요하다는 것을 잊고 있었습니다. 다시 말해 자기 행동반경의 크기보다 인생의 원을 채웠는지, 곧 삶을 실현했는지가 훨씬 더 중요하다는 것을 잊고 있었지요. 개인은 자기만의 구체적인 인생의 원 안에서 대체 불가한 존재이고, 변명할 수 없습니다. 거기서는 누구나 다 그렇습니다. 삶이 개개인에게 부과한 과제는 전적으로 그만의 것이고, 과제를 성취하는 일은 오로지 그에게만 요구됩니다. 비교적 커다란 자기 생의 원을 채우지 못한 사람의 삶은, 비좁은 원에도 만족하는 사람의 삶보다 충족되지 않은 채로 남아 있습니다. 재단사 조수가 삶에 더 큰 책임감을 깨닫지 못한 상태로 살고 이를 저버리는 한, 그는 구체적인 환경에서 더 이상

행할 능력도 없고, 자신이 부러워하는 사람보다 더욱 의미 있고, 의미를 충족시킨 삶을 영위할 수도 없습니다.

다른 예로 실직자가 처한 상황을 놓고 이의를 제기하는 사람이 있을지도 모릅니다. 하지만 이것은 직장에서의 업무가 인생에 의미를 부여할 수 있는 유일한 영역이 아니라는 것을 잊을 때 그렇습니다. 정말 직업적인 일만이 삶을 의미 있게 만들까요? 특정한 이유로 하소연하는 사람들에게 한번 물어봅시다. 쭉 아래로 늘어선 숫자들을 끝없이 더해야 하는 일이라든가 아니면 기계식 레버, 컨베이어 벨트에 스위치를 넣는 항상 똑같은 업무처럼 자기가 하는 일이 얼마나 무의미한지(게다가 얼마나 기계적인지) 이야기하는 사람들에게 물어봅시다. 그러나 그들의 삶은 부족한 여가에도 의미 있게 꾸려나갈 수 있고, 개인적이고 인간적인 의미로 채울 수 있습니다. 또 시간이 아주 많은 실업자라도 삶에 의미를 부여할 수 있는 기회는 있습니다.

경제적인 어려움과 궁핍, 사회적 혹은 경제적인 순간과 연관 지어서 우리를 과소평가하며 하찮게 봐서는 안 됩니다. 오늘날 우리는 그 어느 때보다 '먹는 게 우선이고 도덕은 그다음 문제'*라는 말과 얼마나 동떨어져 있는지 아주 잘 압니다. 이와 관련해 우리는 결코

---

* 독일 극작가이자 시인 베르톨트 브레히트(Bertolt Brecht, 1898~1956)의 작품《서푼짜리 오페라》에 나오는 대사 – 옮긴이

자신을 속일 수 없습니다. 하지만 도덕 없이 먹고사는 것이 얼마나 무의미한지, 그저 먹는 것만 밝히는 자에게 이런 무의미가 얼마나 비참하게 다가올지 알고 있습니다. 또 오직 '도덕'만이 확실하게 말할 수 있다는 것도 알고 있습니다. 인생의 절대적인 의미에 대한 흔들리지 않는 믿음이야말로 어떻게든 이 삶을 견딜 수 있게 해 준다는 걸 말입니다. 왜냐하면 굶주림에 어떤 의미가 있다면 인간은 진정 굶주릴 각오가 되어 있다는 것을 체험했기 때문입니다.

하지만 인간에게 '도덕'이 없을 때 굶주린다는 것이 얼마나 어려운지 경험했을 뿐 아니라, 몹시 굶주릴 때 도덕을 요구하기란 얼마나 어려운지 이 또한 경험으로 잘 압니다. 한번은 제가 ― 최악의 상황에서 ― 빵 한 덩어리를 훔친 미성년자에 대해 정신 감정서를 써야 할 일이 있었습니다. 이 사건을 담당한 재판부는 그 소년이 '저능아'인지 아닌지 정교하게 질문을 던졌습니다. 저는 정신과적 관점으로 볼 때 결코 저능아로 볼 수 없다고 적을 수밖에 없었습니다. 그리고 이 말도 하지 않을 수 없었습니다. 그렇게 극심한 배고픔에 직면해서 유혹에 이기려면, 소년이 처한 그런 구체적인 상황에서는 아주 강박적인 사람이 아니고서야 절대로 불가능하다고 말입니다!

우리가 삶의 구체적인 물음에 책임감 있게 답변할 때, 오직 일로만 인생에 의미를 부여할 수 있는 것은 아닙니다. 우리는 행위자로서 현존재의 요구 사항을 충족시킬 수 있을 뿐만 아니라 사랑하는 사람으로서도 그렇게 할 수 있습니다. 아름다움, 위대함, 선함을 헌신적으로 사랑하면서 말입니다. 제가 여러분에게 진부한 말로 아름다움의 체험이 삶을 의미 있게 할 수 있다는 것과 또 이것이 어떻게 가능한지 설명해야 할까요? 그보다는 다음의 사고 실험으로 예를 들어 말씀드릴까 합니다.

지금 여러분이 콘서트홀에 앉아 좋아하는 교향곡에 귀 기울이고 있다고 상상해 보세요. 방금 여러분이 아주 좋아하는 소절이 귓가를 스치고 지나갔고, 여러분은 등골에 소름이 돋을 정도로 감동에 휩싸였습니다. 이제 심리적으로는 불가능하더라도 생각해 보십시오. 누군가 여러분에게 "삶은 의미가 있습니까?"라는 질문을 던졌습니다. 그때 나올 수 있는 답변은 "오직 이 순간을 위해 살아왔다는 것만으로도 충분한 가치가 있습니다!"라는 말이 아닐까요? 제가 이렇게 말하는 데 여러분도 동의하시리라 믿습니다.

그렇지만 이와 비슷한 일은 예술 외에 자연과 '한 인간'을 체험한 사람에게도 일어날 수 있습니다. 우리는 어떤 특정한 사람을 바라볼 때 자신을 사로잡는 감정을 잘 알고 있습니다. 덧붙여 세상에는 정말 그러한 사람이 존재한다는 것도 알고 있습니다. 이것 하나만으로도 이 세상이 만들어지고 그 안에 있는 삶은 매우 의미가 있습니다.

우리는 일하면서 삶에 의미를 부여합니다. 사랑하면서, 고통을 당하면서 의미를 부여하기도 합니다. 왜냐하면 삶의 조건들이 행동하고 사랑하는 것과 관련이 있는 한, 인간은 조건들이 제약을 받는 것에 어떤 입장을 취하고, 그런 제약에 맞서 어떻게 행동하는지, 즉 그러한 제약 아래 자신의 고통을 어떻게 받아들이는지 이 모든 것에서 계속 가치를 실현해 나갈 수 있기 때문입니다.

　우리가 어려움에 처할 때 어떤 태도를 취하는가를 보면 어떤 사람인지 드러납니다. 또 이렇게 해서 인생은 의미 있게 채워집니다. 여기서 스포츠 정신, 참으로 공정한 정신을 잊어서는 안 됩니다! 운동선수가 하는 일은 어려움 속에서 성장하고자 그런 어려움을 만들어 내는 것이 아닐까요? 물론 자신에게 어려움을 만든다는 것은 일반적으로 드문 일이긴 합니다. 도리어 불행이 운명적이고 필연적이면서 피할 수 없을 때, 대부분 이런 경우에만 불행 속에서 겪는 고통은 의미 있는 고통이 될 수 있지요.

　우리에게 닥치는 운명은 좋든 싫든 반드시 그 모습을 밖으로 드러냅니다. 하지만 괴테Johann Wolfgang von Goethe, 1749~1832는 이렇게 말했습니다.

행동으로든 인내로든 더 나아지지 않는 상황이란 없다.

우리는 가능하다면 이 운명을 바꾸거나, 필요하다면 이를 기꺼이 받아들여야 합니다. 두 경우 모두 우리는 불행을 겪으면서 내적으로 성장할 뿐입니다. 또 시인 횔덜린Friedrich Hölderlin, 1770~1843이 '불행에 발을 내디딜 때 더 높이 우뚝 서네' 하고 노래한 의미를 이제는 이해할 수 있습니다.

그런데 자신의 불행에 불만을 터트리거나 운명과 싸울 때 오해할 소지가 많이 있는 것도 사실입니다. 운명이란 것이 없었다면 우리는 어떻게 됐을까요? 강하게 내리치는 운명의 망치질과 운명 탓에 불타는 고통 없이, 우리의 현존재는 과연 지금의 모습을 가질 수 있었을까요? 자기 운명에 저항하는 — 즉 실로 자신이 아무것도 할 수 없다는 것과 절대로 바꿀 수 없는 것에 저항하는 — 사람은 운명의 의미를 제대로 이해하지 못한 것이나 마찬가지입니다. 운명이란 바로 우리 삶의 일부이고, 그 어떤 운명적인 것도 완전체, 즉 현존재의 형태를 파괴하지 않고서는 절대 전체에서 혼자 뚝 떨어져 나올 수 없습니다.

운명은 우리 인생의 일부이고, 고통도 마찬가지입니다. 다시 말해 인생에 의미가 있다면 고통에도 의미가 있습니다. 불가피한 고통이 눈앞에 있을 때, 고통은 선택에 따라 의미 있는 것이 될 수 있습니다. 이렇게 해서 고통은 실제로도 어디서든 높이 평가되고 가치를 인정받습니다. 우리는 수년 전에 영국 보이 스카우트 연맹이 뛰어난 업적을 이룬 세 소년을 치하했다는 뉴스를 들은 적이 있습니다. 표

창을 받은 이들이 누구였는지 아십니까? 불치병에 걸려 병원에 누워 있던 소년들이었습니다. 가혹한 운명 앞에서도 그들은 용기와 당당함을 잃지 않았습니다. 이것으로 실제 운명의 참고통이 보여 준 행동, 최고의 행동은 명백하게 인정받았습니다. 여기서 방금 인용한 괴테의 말을 깊숙이 들여다보면 완전히 맞는 말은 아니라는 걸 알 수 있습니다. 결국 중요한 것은 행동이냐 인내냐 양자택일이 아닙니다. 상황에 따라 인내 자체가 가장 위대한 행동이 될 수 있습니다.

참고통의 본래적 행동 특성은 '얼마나 끝까지 견뎌야aufleiden 하는가!'라고 표현한 릴케의 글 속에* 가장 명확하게 담겨 있습니다. 독일어로는 'aufarbeiten(일을 청산하다, 만회하다)'이란 말밖에 없습니다. 릴케는 의미 있는 인생의 업적은 일과 함께 고통 속에도 나타날 수 있다는 점을 간파했습니다.

우리가 삶에, 이 순간에 의미를 부여할 때마다 오직 양자택일만 존재하고, 매번 삶에 대한 아주 구체적인 물음에 답하듯 한 가지 선택만 할 수 있다는 점에서 다음의 결론을 얻을 수 있습니다. 삶은 언제나 의미 충족을 위한 기회를 제공하고, 따라서 항상 임의적(선택적)인 의미를 지닙니다. 인간의 현존재는 '마지막 숨을 거두는 순간까지' 의미 있게 만들어진다고 할 수 있지요. 인간은 숨을 쉬고 의식

---

*  Rainer Maria Rilke, 1875~1926, 《밤에게 부치는 시(Gedichte an die Nacht)》의 한 구절 – 옮긴이

이 있는 한 삶의 물음에 모두 대답해야 할 책임이 있습니다. 이는 인간다움의 가장 근본적인 사실을 이루는 것이 무엇인가 돌이켜본다면 전혀 놀라운 일은 아닙니다. 다시 말해 인간 존재는 '의식하는 존재'와 '책임지는 존재' 외엔 아무것도 아닙니다!

그런데 삶이 매 순간 ─ 끊임없이 변하는 ─ 개연성 있는 의미로 채워지든 그렇지 않든 삶에 의미가 있는 것은 전적으로 우리에게 달려 있습니다. 그 의미를 충족하는 것은 온전히 우리 책임이며, 우리 선택 앞에 있습니다. 그런 다음 이러한 사실도 틀림없이 알 수 있습니다. 확실히 그리고 전혀 의미가 없는 게 있다면 그것은 바로 생명을 버리는 일이라는 사실을 말입니다. 그러므로 자살은 절대 그어떤 질문에 대한 답이 될 수 없습니다. 자살은 결코 어떤 문제도 해결할 수 없습니다.

방금 우리는 현존재 속 인간의 위치, 삶의 물음 앞에 놓인 인간의 상태를 살펴보려고 체스를 비유로 들었습니다. '최고의 수읽기' 비유와 함께 어떻게 하면 인생의 문제를 구체적인 문제로서만 생각할 수 있는지 보여 주려고 했습니다. 각각의 개인과 상황, 각각의 인간과 순간, 즉 지금 여기에 관련된 문제로서 말입니다. 또다시 체스게임으로 비유하면, 자살을 통해 인생 문제를 '해결'하려는 것이 얼마나 터무니없는 접근법인지 지금이야말로 보여 줄 때입니다.

다시 한번 상상해 봅시다. 체스 선수가 게임을 하다 문제에 부딪혔고 해결법을 찾지 못했습니다. 자, 이젠 어떻게 할까요? 그는 체스판에 있던 말을 던져 버립니다. 이것이 문제의 해결일까요? 절대로 아니지요. 자살한 사람도 이와 똑같습니다. 그는 생명을 저버리면서 해결할 수 없다고 여긴 인생의 문제를 풀었다고 생각합니다. 그것으로 인생의 게임 규칙을 어겼다는 것을 자살한 사람은 모릅니다. 체스 선수도 이와 마찬가지로 게임 규칙을 무시했습니다. 게임 중에 발생하는 문제는 규칙 안에서 말을 움직이고, 말의 위치를 바꿔 가며 왕을 지키고, 그렇게 체스를 두면서 해결해야지 말을 내동댕이치는 것으로는 결코 해결할 수 없습니다. 다시 한번 말씀드리면, 스스로 목숨을 끊은 사람도 인생의 게임 규칙을 무시한 것이나 다름없습니다. 이 게임 규칙이 우리에게 요구하는 것은 어떤 희생을 치르더라도 반드시 이기라는 것이 아니라 싸우는 것을 결코 포기해선 안 된다는 것입니다.

어쩌면 이의를 제기하는 사람이 있을지도 모르겠습니다. 자살이 불합리하다는 것을 인정하면서도 누구에게나 닥치는 자연사에 직면하면 인생 자체가 무의미해지지 않느냐고 반박하면서 말입니다. 그렇다면 그는 영원한 것이 없다며, 원래부터 시작을 전부 무의미하게 보는 것은 아닐까요? 이 항의에 답변하면서 이렇게 반대로 물어봅시다. 만약 우리가 죽지 않는다면 어떻게 될까요? 이 질문에 다음과 같이 답변할 수 있습니다. 우리가 죽지 않으면 뭐든 다 할 수 있다고, 하지만 모조리 다 미룰 것이라고 말이죠. 왜냐하면 뭔가를 당장하든 내일 하든, 모레든, 일 년 후든, 아니면 10년 후든 그것이 언제인지는 전혀 중요하지 않기 때문입니다. 만약 죽음이, 끝이, 가능성의 한계가 우리에게 임박하지 않는다면, 당장 행동하거나 바로 지금 체험에 몰두할 필요성을 못 느낍니다. 시간이, 아주 많은 시간이 우리에게 무한대로 펼쳐질 테니까요. 반대로 우리가 죽을 수밖에 없고, 삶이 유한하고, 시간은 제한돼 있고, 우리의 가능성도 한정적이라는 사실은 무엇을 시도하고, 가능성을 활용하고 현실화하고 충족시키며, 기회를 이용하고 만족시키는 행위를 의미 있게 만듭니다. 여기서 죽음은 강요를 뜻합니다. 이렇게 해서 죽음은 배경이 되고, 우리 존재는 그 안에서 책임감 있는 존재가 되는 것입니다.

우리가 이렇게 세상을 바라볼 때, 인간이 얼마나 오래 사는가 하는 문제는 참으로 하찮게 보일 수도 있습니다. 오래 산다고 해서 결코 삶에 의미가 생기는 것도 아니고, 일찍 죽는다고 의미 없는 것도 아닙니다. 그러므로 우리가 실존 인간을 평가할 때는 그 사람의 일생이 담긴 책의 두께가 아닌 그 속에 감춰진 내용으로 해야 합니다. 이 기회를 이용해 질문을 하나 더 하겠습니다. 만일 어떤 사람이 자식을 낳지 않는다면, 그의 삶은 그것만으로 의미가 없을까요? 이 질문에 이렇게 답할 수 있습니다. 먼저 혼자 사는 삶에 의미가 있다고 말할 수 있습니다. 자식을 갖지 않을 때, 다시 말해 아주 헛된 생물학적 '영구 보존'에 자신을 맡기지 않을 때 삶에 의미가 있다고 말입니다. 하지만 혼자 사는 삶, 개별적 인간의 삶은 의미가 없다고도 대답할 수 있습니다. 이 경우 번식으로 '영구 보존하려고' 노력한다 해도 절대 의미를 얻을 순 없습니다. 왜냐하면 '의미 없는 것'을 영구 보존한다는 자체가 무의미하니까요.

이 모든 것에서 단 한 가지를 짐작할 수 있습니다. 인간의 고통과 마찬가지로 죽음 역시 의미 있게 삶의 일부를 이루고 있다는 것을 말입니다. 이 둘은 인간의 현존을 무의미하게 하지 않고 무엇보다 의미심장하게 만들어 줍니다. 세계 안에 있는 현존재가 일회성과 생애의 복구 불가능성, 다시 말해 생애를 충족시키거나 충족시키지 못한 것 모두 복구 불가능하다는 것은 우리 현존재에게 의미의 중요성을 건네줍니다. 하지만 개별적 삶의 일회성만이 삶에 중요성을 부여하는 건 아닙니다. 매일, 매 시간, 매 순간의 일회성도 우리 현존재에게 두려우나 아주 영광스러운 책임의 의미를 지운다는 것을 보여 줍니다! 시간의 요구를 우리가 실현하지 못하든 어떻게든 실현하든 그 시간은 없어집니다. '영원히' 사라져 버립니다. 하지만 반대로 그것은 과거가 되는 동시에 우리가 순간의 기회를 이용하면서, 그저 외관상으로만 '지양된' 영원히 구제된 현실 속에서 실현할 수 있습니다. 말하자면 그것은 현실 속에서 실제 '보존된 상태'로 간직됩니다! 이런 의미에서 과거 상태는 어쩌면 존재의 가장 안전한 형태일지 모릅니다. 우리가 '과거'에서 구제한 존재에게 '덧없음'은 더이상 아무런 해를 끼칠 수 없습니다.

확실한 것은 생물학적인 것으로, 우리의 생명, 즉 몸은 성질상 무상하다는 것입니다. 어떤 것도 그대로 머무르는 것은 없습니다. 그뿐만 아니라 또 얼마나 많이 변하는지! 그대로 머무르는 것, 우리에게 남아 있는 것, 우리가 죽은 후에도 살아남는 것은 우리의 현존 안에서 실현된 것, 우리를 벗어나고 우리를 넘어서 지속되는 것입니다. 우리네 인생은 그 영향력이 사라지면서 소실됩니다. 이 점에서 인생은 라듐과 비슷합니다. 라듐의 물성(구체성)도 자신의 '생애'(잘 알려졌다시피 이 방사성 물질은 수명이 있습니다)와 더불어 물질로 환원되지 않고 점차 방사 에너지로 전환됩니다. 우리가 세상에 발산하는 파동, 우리 존재에게서 나온 파동은 우리가 세상을 떠난 뒤에도 남아 있습니다.

사람들은 이렇게 이야기할 수 있습니다. 우리의 현존이 항상 짊어진 책임을, 우리가 두려하지만 결국 기뻐할 수 있는 책임을 최대한 아주 효과적으로 가시화할 수 있는 간단한 도구, 혹은 속임수가 있을 거라고 말입니다. 말하자면 일종의 정언 명령인 '마치 ~인 것처럼 행동하라'라는 공식이 있긴 합니다. 이는 형식상으로 칸트의 유명한 원칙과 비슷하지요. 그 공식은 다음같이 정리해 볼 수 있습니다.

두 번째 인생을 사는 것처럼 살라. 그리고 지금 하려는 행동이
첫 번째 생에서 잘못했던 것이라고 생각하며 행동하라!

시간 속에 있는 현존재의 본질적인 유한성은 비록 먼 일이긴 해
도 우리 앞에 놓인 죽음이라는 사실에서 드러나는데, 그 유한성이
현존재를 의미 있게 만드는 유일한 것은 아닙니다. 개개인의 공존에
서 우리의 유한함은 각 개인의 인생을 무의미하게 하는 것이 아니
라 의미 있게 해 줍니다. 이는 우리가 불완전하고 내적인 제약을 받
고 있다는 것을 뜻하는데, 이러한 제약은 인간의 다양한 상황과 함
께 주어집니다. 하지만 우리의 불완전성이 의미 있는지 생각하기에
앞서 자신이 불완전하고 불충분하다고 절망하는 것이 과연 정당화
될 수 있는가, 이 질문부터 해 보려고 합니다. 자신의 존재를 당위라
는 잣대로 평가하는 사람, 다시 말해 자기 자신에게 이상의 척도를
들이대는 사람은 자신이 언제 완전히 무가치해지는지 물어봐야 합
니다. 스스로에게 절망할 수 있다는 것은, 오히려 자신을 어떤 식으
로든 변호하면서 마지막에 절망을 정당화시키는 것은 아닐까요? 만
일 그가 철저히 무가치해서 자신의 이상을 전혀 알아차리지 못한다
면 과연 자기 자신을 판단할 수 있을까요? 그리고 이상을 등지지 않
더라도 단순히 보고만 있다면, 이것은 이상과의 격차를 증명하는 것
이나 마찬가지 아닐까요?

　이제부터는 우리의 불완전과 편향성의 의미에 관한 문제를 살펴볼까 합니다. 이때 우리가 잊어서는 안 되는 것이 있습니다. 개별 인간은 불완전하지만 모두 다 전혀 다른 방식으로, 다시 말해 '자기만의 방식'으로 불완전하다는 점입니다. 그 모습 그대로 완전하지 않은 사람은 오직 그 한 사람뿐입니다. 그 때문에 그는 (좋게 말해서) 받아들일 수 없고, 대체할 수 없고, 교체할 수도 없습니다. 이에 관한 아주 적절한 예를 생물학 세계에서 찾아볼 수 있습니다. 생명체가 발달할 때 세포는 익히 알려졌다시피 '모든 것을 할 수 있습니다'. '원시 세포'는 무엇이든 할 수 있어서 먹고, 움직이고, 번식하고, 주위 환경을 '이해'합니다. 세포는 오랜 시간에 걸쳐 고차원적으로, 유기적으로 결합해 발달합니다. 그 결과 개개의 세포는 전문화돼 결국에는 유기체 내에서 진보하는 분업의 원칙에 따라 단 한 가지 기능만을 갖게 됩니다. 본래 '완전'했던 자신의 능력을 대가로 세포는 이제 상대적이고 기능적인 대체 불가능성을 획득합니다! 예를 들어 눈의 망막 세포는 더 이상 먹고, 움직이고, 번식할 수 없습니다. 그 대신 할 수 있는 것이 딱 하나 있는데, 그것은 바로 '보는 것'입니다. 망막 세포는 이를 놀라운 수준으로 해내며, 이러한 전문화된 기능 때문에 대체가 불가능합니다. 피부 세포, 근육 세포, 생식 세포 그 어떤 것도 망막 세포를 대체할 수 없습니다.

　조금 전 이야기에서 죽음에는 의미가 있다는 것이 필연적이라고 입증됐습니다. 동시에 죽음은 우리 현존재의 일회성을 그리고 이와 함께 우리가 책임지는 존재라는 것을 증명했습니다. 마찬가지로 이제 인간의 불완전성을 가치 있는 것이라고 긍정적으로 봅시다. 그때 그것은 우리 본질의 유일성을 이루는 어떤 것을 드러내면서 필연적으로 의미 있는 것으로 입증됩니다. 하지만 긍정적 가치로서의 유일성은 스스로 근거가 될 수 없습니다. 모든 개인의 일회성은 오히려 (유기체에 대한 각 세포의 기능적 의미와 유사하게) 더 중요한 전체, 즉 인간 공동체에 자신을 연관시키면서 가치의 의미를 보존합니다. 일회성은 일회성 자체로 끝나는 것이 아니라 인간 공동체를 위할 때만 비로소 가치를 지닐 수 있습니다. 모든 인간 개인의 손가락 끝에 '유일무이한' 지문이 있다는 간단하고 단순한 사실은 범죄 연구나 범죄자를 수사할 때 중요합니다. 그렇다고 각 개인의 생물학적인 '개성'이 그를 '인간'으로, 그의 일회성 안에서 공동체를 위한 가치 있는 생물로 만드는 것은 아닙니다.

현존재의 일회성과 모든 인간의 유일성 그리고 이러한 유일성을 다른 것, 곧 공동체와 관련된 유일성을 '위한' 유일성으로 간단하게 정리한 말을 한번 만들어 볼까요? '두렵지만 영광스러운' 인간의 책임을, 삶의 '진지함'을 우리에게 상기시켜 줄 공식을 말입니다. 그것은 약 2천 년 전 랍비 힐렐Hillel, 기원전 70~10이 신조로 삼았던 경구로 거슬러 올라갑니다.

내가 하지 않으면 누가 할 것인가?

하지만 나만을 위해 한다면 나란 사람은 무엇인가?

그리고 지금 하지 않으면 언제 할 것인가?

여기서 '~않으면'이라는 말 속에는 모든 인간의 유일성이 내재되어 있습니다. '나를 위해'라는 말에는 그러한 유일성의 가치 없음과 의미 없음이 들어 있습니다. '그리고 지금 하지 않으면'이란 말에는 모든 개별적 상황의 유일성이 숨어 있습니다!

지금까지 이야기한 인생의 의미에 관한 물음을 요약하면 이렇게 정리할 수 있습니다.

삶 자체는 질문받는 것, 대답하는 것을 의미한다.

다시 말해 삶의 현존을 책임지는 것을 의미한다.

삶은 주어진 것이 아니라 부과된 것입니다. 그것은 매 순간의 과제입니다. 이로부터 삶은 힘들수록 더욱 의미가 있을지도 모른다는 결론이 나옵니다. 과제를 찾는 등반가 같은 운동선수는 스스로 어려운 일을 만듭니다. 절벽에서 등반가는 오르기 어려운, 더 힘든 '변수'를 발견할 때마다 얼마나 희열을 느끼는지 아십니까! 여기서 우리가 또 알아야 할 게 있습니다. 종교인은 삶의 감정, '존재의 이해' 안에서 삶을 과제로 이해하는 사람들보다 한 걸음 더 멀리 내딛는 자라는 것입니다. 이 경건한 사람은 과제를 대할 때 자신에게 과제를 '내주거나' 자신을 과제 앞에 세운 절차로 받아들입니다. 종교인은 삶을 거룩한 사명으로 체험합니다.

그럼 마지막으로 인생의 '가치'에 관한 물음은 어떻게 요약할 수 있을까요? 이것은 독일의 극작가이자 시인인 헤벨Christian Friedrich Hebbel, 1813~1863의 말로 가장 적절하게 표현할 수 있을 것입니다.

삶이란 어떤 것이 아니라 어떤 것에 대한 기회다!

# 인생의 의미와
# 가치에 관하여

## II

*Viktor Emil Frankl*

우리가 첫 번째 강연에서 고민하며 얻은 결과 중 하나는 인생에 의미가 있다면 고통에도 의미가 있다는 것입니다.

병은 고통의 일부입니다. 일부라고 말한 이유는 고통과 병은 같은 것이 아니기 때문입니다. 인간은 아프지 않아도 고통받을 수 있습니다. 그리고 고통 없이 아플 수도 있습니다. 어쨌든 고통은 매우 인간적인 일로, 인간 삶의 일부를 이루면서 경우에 따라 무고통은 병이 되기도 합니다. 우리는 이것을 보통 정신병이라고 부르는 질병에서 보는데, 이는 결코 정신에 생긴 질환이 아닙니다. 말하자면 정신은 결코 병에 걸릴 수 없고 아플 수도 없습니다. 정신적인 것은 참이거나 거짓이거나, 가치 있거나 무가치할 수 있습니다. 아프고 병드는 것은 오직 영적인 것만 가능합니다. 이러한 영적인 질병과 영적이 아닌 신체적인 것이 원인이 된 정신병(마음의 문제가 초래한 신경증과는 반대인 정신증)에서 나타나는 것이 있는데, 바로 고통을 당하지 않는다는 점이 하나의 증상이라는 것입니다.

이를테면 매독에 감염된 사람은 수년 혹은 수십 년 뒤 낮은 확률로 마비가 올 수 있습니다. 매독 후유증으로 뇌가 위험에 처한 겁니다. 자신이 위험한 상황에 처했는지 일정한 시기, 일정한 간격으로 척수액을 검사해서 확실하게 밝혀낼 수 있다는 것을 모른다면, 그는 정신 장애가 발생하는 것은 아닐까 계속 걱정만 하고 있겠죠(덧붙여 말하면 마비가 이미 발생했더라도 조기 치료로 치유될 수 있고,

척수액에 양성 소견이 나타나는 경우 말라리아 치료법을 이용해 정신 장애를 예방할 수 있습니다). 마비에 대한 두려움은 병적인 측면을 상상하면서 신경증적으로 과장될 수 있습니다. 그런데 실제로 마비가 오면, (병적으로) 두려워한 병이 발생하면 어떻게 되는지 아십니까? 그때는 병을 두려워하는 것을 멈춥니다! 그 이유가 뭘까요? 그것은 마비 증상 중 하나로, 마비가 되면 기분이 좋아지면서 환자는 고통을 느끼지 못합니다. 환자는 자신이 겪는 '고통' 가운데 있지만 고통을 느낄 수 없기 때문입니다.

일반적으로 의사는 환자 앞에서나 심지어 자기 자신에게 마비처럼 무섭고 위중한 병의 진단을 내리는 데 매우 조심스럽습니다. 다만 마비 환자의 경우 이러한 신중함은 바람직하지 않습니다. 마비 환자에게 의사가 어떤 병인지 탁 터놓고 이야기하면, 환자는 웃으면서 진단이 틀렸다고 주장할 것입니다. 그러면 의사는 환자가 앞으로는 제대로 말할 수 없고, 마지막에는 대개 그렇듯이 움직일 수 없을 거라고 알려 주겠지요. 하지만 이런 경우 환자는 대부분 자신의 언어 장애 원인을 치아 상태가 안 좋다거나 나쁜 치열 탓으로 돌리게 됩니다.

보통 사람에게 강한 인상을 주거나 충격을 주는 모든 것이 마음의 병으로 고통 감수력capacity for suffering이 손상된 사람에게는 아무런 감동이나 인상도 남기지 못합니다. 구체적으로 정신 병원에 입원한 예를 들어 봅시다.

한 마비 환자가 기억납니다. 의사들이 새로 입원한 환자들을 진찰하는 진료실에서 처음으로 그를 만났습니다. 명랑한 미소를 띠고 언뜻 쾌활해 보이던 환자는 여기에 와서 몹시 기쁘다는 말을 주저 없이 하고 우리에게 인사했지요. 잠시 후 의사가 그에게 천자를 시행하려고 준비할 때, 환자는 불안한 기색을 전혀 보이지 않고 이렇게 말했습니다.

"선생님들이 이걸 하시려는 이유를 알아요. 제가 심심하지 말라고 그러시는 거잖아요!"

의사가 천자를 삽입했을 때 찌르는 듯한 통증을 느끼는 것이 당연했지만, 그는 반사적으로 "아야" 하는 소리만 한번 내뱉고는 곧바로 덧붙여 말했습니다.

"정말 기분이 좋은데……."

마음의 병에 걸린 사람, 특별히 정신병에 걸린 사람이 정상적인 고통 감수력을 상실한다는 사실을 사람들이 무시한다면, 언젠가 제가 체험한 일을 누구나 겪을 수 있습니다. 제가 대학 병원 정신과에서 입원 환자 진료를 보던 날, 입원 병동에 새로운 환자가 들어왔다는 연락을 받았습니다. 가 보니 어떤 부인과 젊은 여성이 있었는데, 한눈에 보기에도 두 사람은 모녀 사이임이 틀림없었습니다. 부인은 잔뜩 긴장한 모습으로 모든 것이 아주 끔찍하다면서 통곡했고, 딸은 그런 어머니를 진정시키고 위로하며 모든 게 다 잘될 거라고 단호하게 말했습니다. 제가 환자에게 질문하면서 몹시 긴장한 부인을 향해 몸을 돌렸을 때, 부인은 딸의 등 뒤에서 손가락으로 딸을 가리켰습니다! 환자는 바로 딸이었습니다! 정작 환자 본인은 매우 차분했고, 정신 병원에 온 데 놀란 기색이라고는 전혀 없었습니다. 병 때문에 일상적이지 않고 전혀 유쾌하지 않은 정신 병원에 넘겨진 상황에도 젊은 여성은 비교적 무덤덤한 반응을 보였습니다. 비정상적인 상황에 대한 비정상적인(몹시 긴장하고 감정적인) 반응은 정상적인 행동입니다.

하지만 역설적이게도 고통받을 수 없다는 것에 괴로워하는 마음의 병도 있습니다! 이를테면 우울증의 특수한 형태로, 일반적인 우울증처럼 슬픔이나 불안 같은 불쾌한 기분을 수반하지 않습니다. 환자들은 기쁘지 않고, 그렇다고 고통스럽지도 않고, 유쾌한 체험이든 불쾌한 체험이든 감정적으로 반응하는 데 완전히 무능력하고, 감정이 무디고 냉담하다고 하소연합니다. 게다가 울고 싶어도 울 수 없다고 토로하는데, 환자들이 절망하는 것은 단지 그들이 고통을 받을 수 없다는 것이고, 이것은 심지어 가장 큰 절망 중 하나입니다. 정신과 의사는 그것을 알아차릴 수 있습니다. 고통이 삶의 일부라는 앎은 인간의 의식 속에 얼마나 깊숙이 숨어 있는지요!

그렇지만 이러한 사실은 마치 처음으로 모습을 드러낸 양 우리 모두에게 낯설지는 않습니다. 어찌 됐든 인간은 일반적인 정신생활에서 고통이 얼마나 삶에 귀속되어 있는지 잘 알고 있습니다. 그렇다면 우리 한번 솔직하고 진지하게 물어봅시다. 여러분은 이를테면 실연 같은 과거에 겪은 슬픈 경험을 지우고 싶으신가요? 슬픔과 고통을 겪으면서 경험한 모든 것을 없애고 싶으신가요? 아마 모두 아니라고 말할 것입니다. 왜냐하면 비록 우리 현존의 불쾌한 파편이자 시간이었다 해도 그 속에서 내적으로 성장하고 성숙했다는 것을 잘 알기 때문입니다.

여러분 가운데 누군가는 그것이 궤변적 속임수에 불과하다고, 저의 선동적 술책이라고 이의를 제기할지도 모릅니다. 지금도 여전히 그리고 오랫동안 고통 '한가운데' 있는 사람에게 물어봐야 한다고, 그가 자신이 겪는 고통을 그렇게 긍정하는지를 물어봐야 한다고 말입니다! 이와 관련해 직접적이고 아주 생생한 경험이 우리 앞에 있습니다.

일 년도 채 되지 않은 일입니다. 강제 수용소 수감자들은 얼어붙은 땅을 곡괭이로 파고, 또 파며 뼈 빠지게 일했습니다. 그러다가 당직 보초가 작업장에서 멀리 사라지기라도 하면 감시가 소홀해진 틈을 타 지친 손들은 일손을 잠시 멈추고, 밖에서는 '야외 작업 명령'에 따라 움직이던 수감자끼리 이야기를 시작했습니다. 작업장에서 그들이 나누는 대화는 늘 한결같았는데, 자동적으로 항상 똑같은 생각만 빙빙 맴돌았습니다. 그것은 다름 아닌 먹는 얘기였습니다. 수감자들은 요리법을 교환하고, 먹고 싶은 음식을 끊임없이 나열하고, 서로 제일 좋아하는 음식을 묻기도 하고, 맛있는 음식에 대해 열변을 토했습니다. 그리고 언젠가 수용소에서 풀려나면 손님으로 초대해 접대할 거라면서 서로 계획을 자세히 말하곤 했지요. 하지만 이렇게 신나게 떠든 사람들이 석방을 간절히 바란 것은 맛있는 음식을 실컷 먹고 싶어서가 아니라 다른 이유에서였습니다. 그것은 오직 먹는 것 외엔 아무것도 생각할 수 없는 그 철저히 비인간적인 상태를 마침내 멈출 수 있기 때문이었습니다. 식당에서 겨우 수프 한 그릇을 손에 쥐려고 오전 9시 15분이나 9시 30분이 되었는지, 11시 30분이나 11시 45분이 되었는지, 텅텅 빈속으로 차가운 땅속에 얼마나 더 있어야 하는지, 짧은 휴식 시간이 될 때까지, 밤이 돼 막사로 돌아갈 수 있을 때까지 얼마나 더 남았는지, 이것 외에 아무것도 생각할 수 없던 상태를 멈출 수 있기 때문이었습니다. 그때 우리는 먹는 것이나 굶주림, 추위나 잠, 죽도록 일하거나 얻어맞는 것 같은 비인간적인 문제가 아닌 본래의 인간 고통을, 본래의 인간 문제를, 본래의 인간 갈등을 얼마나 그리워했던가요? 동물적인 고통과 위험이 아닌 인간적인 고통과 문제와 갈등이 있던 시절을 얼마나 애달프고 슬프게 회상했던가요? 이는 미래와 관련해서도 마찬가지였습니다. 우리가 간절히 바란 것은 고통과 문제와 갈등 없이 살 수 없는 상태가 아니라 제대로 고통받는 것이었습니다. 인간에게 의미 있게 부과된 고통다운 고통을 말입니다.

앞서 의미의 충족에는 세 가지 주요 방향이 있다는 얘기를 했습니다. 먼저 인간은 뭔가를 하고, 행동하고, 창조하면서, 즉 무언가를 실현하면서 자신의 현존재에 의미를 부여할 수 있습니다. 다음으로 체험하면서, 자연과 예술과 인간을 사랑하면서 의미를 부여할 수 있습니다. 마지막으로 인간은 기회가 주어진 곳에서 삶에 가치를 부여하고, 그 안에서 의미를 발견하며 현존재에 의미를 줄 수 있습니다. 다시 말해 자기 앞에 놓인 기회를 확정하고, 얼마나 운명적이고 필연적인지 생각하고, 불가피한 제약에 당당히 맞서며 어떻게 대응하고, 행동하고, 그 운명을 받아들이는가에 달려 있습니다. 인간은 사는 동안 그때그때 '순간의 요구'에 부응하고, 의미를 충족시키는 방향을 종종 뜻하지 않게 변경할 각오를 해야 합니다. 이미 언급했듯이 삶의 의미는 오직 구체적인 것만 존재할 수 있기 때문입니다. 구체적이라 함은 모든 개별적 인간뿐 아니라 개별적 순간과도 관련돼 있습니다. 즉 삶이 우리에게 던진 질문은 각 개인과 상황에 따라 천차만별입니다. 이제부터는 한 가지 사례로 방향 전환이 어떻게 운명에 의해 '강요되고' 당사자에 의해 '순종적'으로 일어나는지 보여드리려고 합니다.

광고 디자이너로 눈코 뜰 새 없이 바쁜 젊은이가 있었습니다.

그는 활기차고 왕성하게 일하면서 최고의 나날을 보내고 있었습니다. 그러던 그가 수술도 불가능한 매우 심각한 악성 척수 종양을 앓게 되면서 하루아침에 일에서 완전히 손을 놓게 됩니다. 급기야 젊은이의 팔다리는 순식간에 마비됐습니다. 그는 인생을 의미 있게 만들 수 있는 방향, 소위 일의 방향을 더는 실행할 수 없었습니다. 젊은이는 다른 방향으로 떠밀려 갔습니다. 일은 차츰 그로부터 멀어지고, 점점 수동적으로 체험하면서 제약적 상황에 대한 의미를 찾고, 또 이러한 제한적인 가능성 안에서 삶의 의미를 쥐어짜는 것 외엔 별도리가 없었습니다. 그러면 젊은이는 어떻게 행동했을까요? 그는 병원에서 독서에 집중했습니다. 예전에 직장 생활을 하느라 바빠서 읽지 못한 책들을 읽었습니다. 라디오에서 나오는 음악도 놓치지 않고 들었고, 입원한 환자들과 매우 흥미진진한 대화도 나눴습니다. 인간에게 가능한 현존의 장場으로 그는 스스로 물러났습니다. 일을 하지 못하더라도 세계를 수동적으로 받아들이는 것에서 자기 안으로 삶의 의미를 부여하고 인생의 물음에 대답했습니다. 이렇게 이 용감한 청년은 모든 제한 속에서도 자신의 삶이 무의미해졌다고 생각하지 않았다는 걸 알 수 있습니다. 하지만 병세가 위독해진 순간이 찾아왔고, 책을 손에 쥘 수 없을 정도로 근력이 몹시 쇠약해졌습니다. 헤드폰을 끼면 머리에 신경 통증을 유발해서 더는 사용할 수 없는 지경에 이르렀습니다. 종국엔 말하는 것도 힘들어져 다른 환자들과 재치 있게 토론하는 것마저 불가능했습니다. 젊은이는 이렇게 창조적 가치 실현 영역뿐 아니라 체험 가치 영역에서도 떠밀려 운명의 손에 맡겨졌습니다. 이것이 그의 생애 마지막에 병 때문에 벌어진 상황이었습니다. 하지만 젊은이는 그러한 상황에서도 의미를 얻어 냈습니다. 환자는 자기 앞에 남은 날들, 결국 시간이 소중하다는 것을 아주 정확하게 알고 있었습니다. 저는 당시 병원 당직 의사였는데, 이 젊은 환자의 마지막 오후 회진을 아주 생생하게 기억합니다. 제가 그가 누운 침대 곁을 지나갔을 때, 젊은이는 손짓하며 저를 불렀습니다. 그는 아주 힘겹게 말했습니다. 오전 회진 때 마지막 순간에 닥칠 죽음의 고통을 덜어 줄 모르핀을 주사하라고 G 교수가 지시한 것을 들은 것 같다고 넌지시 말했습니다. 청년은 그렇게 말하는 근거가 있었기에 말을 이었습니다. 만약 오늘 밤 자신에게 정말로 '그 순간이 온다면', 그냥 지금 당장 주사를 놔달라고 했습니다. 그러면 야근하는 간호사들이 저를 부를 필요가 없고, 또 자기 때문에 제가 자는 데 방해받지 않을 거라고……. 이렇게 삶의 마지막 순간에도 젊은이는 다른 사람을 '방해하는' 대신 아끼고 배려했습니다! 고통과 괴로움을 모두 함께 짊어진 용기를 제외하고 어떤 능력이, 직업적인 것이 아닌 인간적인 능력이 그 비할 데 없이 소박한 말 속에, 남을 배려하는 마음속에 들어 있는 걸까요? 그것도 말 그대로 죽음을 앞둔 순간에! 여러분은 제 말을 잘 이해하실 것입니다. 설령 젊은이가 왕성하게 일할 때 큰 성공을 거두었다 해도, 세상에서 가장 훌륭하고 아름다운 광고 도안을 만들었다고 해도, 그런 업적을 마지막 순간 그의 행동에서 나타난 소박하고 인간적인 업적에 비할 순 없습니다.

이제 우리는 질병이 필연적으로 현존재의 의미 상실을, 의미의 쇠락을 가져오는 것은 아니라는 것을 이해했습니다. 그건 오히려 선택에 따라 언제나 의미가 있습니다. 또한 신체적으로 몸에 손상을 입었을 때도 반드시 의미의 상실이 나타나는 게 아니라는 것을 다음 사례를 통해 확인할 수 있습니다.

언젠가 오스트리아에서 매우 명망 있는 법률가가 제가 근무하던 병원으로 이송된 적이 있습니다. 그는 동맥 경화로 괴저가 발생해 다리 하나를 절단해야만 하는 상황이었습니다. 수술은 잘 끝났고, 처음으로 한 발로 걷는 연습을 하는 날이 왔습니다. 그는 제 부축을 받으면서 침대에서 내려와 매우 고통스럽고 처량한 모습으로 병실을 한 발로 참새처럼 뛰어다녔습니다. 그러더니 갑자기 눈물을 터뜨렸습니다. 제가 손으로 꽉 붙잡고 있던 그 덕망 있고 유명한 노신사는 어린아이처럼 나지막이 흐느끼며 이렇게 말했습니다.

"견디기 힘들군요. 불구자로 살아가는 건 정말이지 아무 의미가 없어요!"

저는 그의 눈을 바라보면서 강하게 냉소적으로 물었습니다.

"선생님은 육상 선수가 되거나 그와 비슷한 일을 하려고 그러십니까?"

노신사가 깜짝 놀란 표정으로 쳐다봤고, 저는 계속 말했습니다.

"단지 그게 이유라면 선생님의 절망감과 방금 하신 말씀을 이해할 수 있습니다. 정말 그렇다면 선생님의 인생은 끝났고, 계속되는 인생을 계속 살아가는 것도 선생님껜 무의미할 뿐이죠. 단거리든 장거리 달리기 선수든 선생님께는 불가능한 일입니다. 하지만 그것을 제외하면 선생님처럼 일생을 최대한 의미 있게 살고 영향력을 끼치면서 직업 세계에서도 유명하신 분이, 단지 다리 하나를 잃었다고 해서 삶의 의미를 잃어버리셨다는 건가요?"

노신사는 즉각 제 말을 이해했고, 눈물 젖은 얼굴엔 미소가 번졌습니다.

다시 말씀드리지만 질병은 결코 의미의 상실을 나타내는 말이 아닙니다. 때때로 그것은 의미의 획득을 뜻하기도 합니다. 이러한 가능성을 이해하기 쉽게 설명하고자 여러분께 강제 수용소에서 있었던 일을 말씀드리고 싶습니다.

한번은 수용소에서 제가 어린 시절에 알던 여성과 마주쳤습니다. 그녀는 몹시 비참한 상태로 위독했고, 본인도 그 사실을 알고 있었습니다. 하지만 죽기 며칠 전 저에게 이렇게 말했습니다.

"날 이곳으로 데려온 운명에 감사해. 이전에 여유로운 중산층의 삶을 살 때는 심미적 열망이 있긴 했어도 전혀 진지하지 않았어. 하지만 지금은 이 모든 것을 겪었지만 행복해. 이젠 모든 것에 진지해졌고, 난 내가 누구인지를 보여 줄 수 있고, 보여 줘야 하니까.”

이 말을 할 때 그녀의 표정은 전에 알던 모습보다 훨씬 더 밝았습니다. 이렇게 해서 시인 릴케가 모든 인간에게 바랐거나 모든 인간을 위해 소원했던 것, ‘자신의 눈을 감을 수 있는’ 것이 그녀에겐 가능했습니다. 삶 전체에 죽음을 의미 있게 삽입하는 것, 죽어 가면서도 인생의 의미를 충족하는 것, 그것은 성공적이었습니다!

우리는 이제 삶의 전체 의미 안에서 죽음의 유의미성을 그대로 보도록 시각을 전환함으로써, 병들고 죽어 가는 순간도 단순히 잃는 것과 얻는 것으로만 보지 않고 ‘선물’로 받아들이는 사람이 존재한다는 데 더 이상 놀라지 않습니다.

제 앞에는 편지 한 통이 있습니다. 이 편지를 특별히 강조해서 언급하고 싶습니다. 제 앞으로 온 편지는 아닙니다. 아마 발신인도 자기가 쓴 편지가 어느 강연에서 사례로 읽힐 거라고는 꿈에도 생각하지 못했을 겁니다. 편지에서 관련된 부분을 여러분께 읽어드리기 전에 우선 사연부터 말씀드릴까 합니다.

편지를 쓴 남성은 어느 날 갑자기 생명을 위협하는 매우 위중한 척수 질환에 걸렸습니다. 그는 빈에서 떨어진 곳에 있는, 잘 아는 부인의 휴가용 별장에 요양차 묵게 됐습니다. 지인들이 유럽에서 아주 유명한 대학 병원 교수에게 자문을 구했는데, 그 전문의는 수술을 거절한다는 뜻을 내비쳤습니다. 수술해도 성공률은 기껏해야 5퍼센트밖에 안 된다는 이유였지요. 그러자 지인 중 한 명이 별장 여주인에게 이 모든 일을 편지로 써서 보냈습니다. 지인은 당시 제 환자로, 별장에 체류한 적이 있던 손님이었습니다. 객실 청소부가 그 편지를 쟁반에 담아 부인과 그 환자분이 함께 아침을 먹고 있을 때 식당으로 가져갔습니다. 제가 지금 손에 들고 있는 환자분이 쓴 편지에는 당시 모든 상황이 잘 묘사돼 있습니다. 한 번 읽어 보겠습니다.

그렇게 해서 부인은 제게 그 편지를 보여 줄 수밖에 없었습니다. 그렇지 않았다면 그녀는 수년간 유지해 온 관례를 깨트려야 할지 몰랐고, 그러면 저도 편지 내용을 추측할 수 있었겠지요. 언젠가 친구 하나가, 제 기억이 맞는다면 당시 상연 중이던 최초의 유성 영화 〈타이타닉〉을 같이 보러 가자고 연거푸 말한 적이 있었습니다. 프리츠 코르트너라는 배우가 휠체어에 앉아 다리가 마비된 시인 역을 맡아 명연기를 펼쳤지요. 영화에서 그는 아무리 일어서려 해도 허사로 끝나자 계속 들어차는 물속에서 주기도문을 먼저 소리 내어 읊으면서, 굳건하고 또렷한 정신으로 작은 운명의 공동체를 죽음으로 이끌었습니다. 저는 처음 영화관에서 겪은 체험으로 깊은 감동을 받았고, 정신을 잃지 않고 죽어

가는 것은 운명의 선물임이 틀림없다는 생각을 했습니다. 지금 제 운명은 저에게 이것을 허락했습니다! 저는 다시 한번 제 안에 있는 용감함을 시험해 볼 수 있게 되었습니다. 하지만 앞으로 이 싸움에서 중요한 것은 이기는 것이 아니라 최후까지 온 힘을 쏟는 일이고, 마지막까지 체조 연습을 하듯 하는 겁니다. 저는 될 수 있는 한 마취약 없이 고통을 견디려고 합니다. '승산 없는 싸움'이라는 말이 우리의 세계관이라는 뜻 안에 결코 자리 잡아서는 안 됩니다! 중요한 것은 싸움 그 자체입니다. 수술에 관한 대학 교수의 소견이 담긴 편지를 읽은 후, 우리는 저녁에 브루크너의 〈교향곡 제4번 '낭만적'〉을 연주했습니다. 모든 것이 제 안에서 물밀 듯 마구 솟구치며 기분 좋게 퍼져 나갔습니다. 그 밖에 전 매일 수학을 공부하고 감상에 빠지지 않습니다.

사랑을 담아서, ○○가.

이젠 아무도 제가 쉽게 말한다며 비난할 사람은 없습니다. 그런 사람도 한 번쯤은 실제로 죽음에 임박한 환자를 만나고 싶어 할 것입니다. 제가 가능하기 때문에 꼭 필요하다고 주장한 태도를 마음속에 간직한 환자를 말입니다. 이 편지를 쓴 사람은 경솔하게 말하지 않고, 행동하면서 요구받은 것도 실현 가능하다는 것을 보여 주었습니다.

여러분은 세상의 외적인 실패와 좌절이 병과 죽음으로 생길 수 있는 의미에 어떤 해도 끼칠 수 없다는 것, 여기서 중요한 것은 내적인 성공이고, 이 내적인 성공은 외적인 실패에도 존재한다는 것을 이젠 확실히 아실 겁니다. 또 이 모든 것은 특별한 경우에만 유효한 게 아니라 우리 모두의 삶과 일생에 마찬가지로 적용해야 한다는 것도 분명해졌습니다. 성공의 의미를 오직 외적인 성공으로만 이해하는 한 우리 인생은 결국 실패한 거나 다름없습니다. 어떤 외적인 성공도, 어떤 영향, 즉 세상 밖에 있는 어떤 생물학적 혹은 사회적인 영향도 우리보다 오래 살아남거나 심지어 영원히 지속된다는 보장이 없습니다. 이에 반해 내적인 성공, 내적인 삶의 의미 충족은 만약 그럴 수만 있다면 '영속적으로' 획득하는 게 가능합니다. 이러한 목표가 종종 현존재의 최후에 이르러서야 이루어지는 것은 인생의 의미에 아무런 해를 입히지 않고, 그것은 오히려 '최후'를 완성으로 마무리합니다. 이러한 것을 일상의 예로 명백하게 보여 주기란 쉽지 않고, 그보다 예술의 예가 훨씬 더 적절합니다.

프란츠 베르펠Franz Werfel, 1890~1945의 단편 소설《소시민의 죽음》을 떠올려 보십시오. 베르펠은 이 작품에서 평생을 불행과 걱정 속에 살다가 사라지는 듯 보이는 평범하고 보잘것없는 소시민의 모습을 잘 그려 냈습니다. 소설 속 주인공은 병이 들어 병원으로 옮겨집니다. 여기서부터 베르펠은 주인공이 점점 다가오는 죽음에 맞서서 어떻게 영웅적인 투쟁을 벌이는지 잘 보여 줍니다. 만약 주인공이 새해를 넘기고 죽는다면 가족은 보험금을 받게 되고, 그전에 사망할 경우 보험금은 물거품이 됩니다. 죽음에 맞서 투쟁하고, 새해까지 살아남고자 고투하고, 가족의 경제적 보장을 위해 분투하면서, 이 소박하고 단순한 인간은 시인만이 그려 낼 수 있는 하나의 위대한 인간으로 훌쩍 성장합니다.

또 톨스토이Leo Tolstoy, 1828~1910의 작품 《이반 일리치의 죽음》에 나오는 비슷한 이야기도 생각해 볼 수 있습니다. 주인공 이반 일리치는 속물입니다. 그는 죽음에 이르러서야 비로소 그때까지의 실존이 극도로 무의미했다는 것을 깨닫고 크게 절망합니다. 하지만 이런 무의미에 대한 절망 속에서 이반 일리치는 변하고, 그 변화와 함께 마치 과거로 거슬러 가듯이 자신의 헛된 인생에 어떻게든 계속 의미를 부여합니다. 말하자면 이렇게 이제까지의 헛됨을 체험함으로써 자기 삶을 전부 의미 있는 것에 내맡깁니다.

이 이야기들이 병든 생명, 죽음에 임박한 생명이라도 절대로 무의미한 삶을 뜻하지 않는다는 것을 모두 입증했다면, 지금부터는 어떤 권리로 환자나 죽음에 이른 사람, 매우 위독한 사람이 무가치한 사람이고 '살 가치가 없는 생명'이라고 주장할 수 있는가 하는 질문에 관심을 돌려야 합니다. 이때 그러한 생명이 새로운 질병을 발견하거나 새로운 치료법을 고안하는 데 기여할 수 있다면 유용성이라는 가치, 다시 말해 병이 든 개인의 생명에도 있을 수 있는 '이용 가치'는 모두 제외시키려고 합니다. 그런데 왜 처음부터 이런 평가의 관점을 차단하려 하냐고요?

이러한 관점을 취하려면 우리는 최대한 환자 스스로 권리가 있어야 할 것이라고 생각합니다. 이런 관점에서는 '환자의 병든 생명은 학문을 위해 어떤 '가치'를 지닐 수 있는가?'라는 물음이 정당하게 보일 수 있습니다. 어쨌든 생명이 다한 뒤에도 학문에 이바지하고자 자기 시신을 해부 연구소에 기증하는 일은 종종 있었고, 익히 알려진 사실입니다. 그렇지만 우리 같은 의사가 볼 때 이렇게 인간을 극도로 물적으로 평가하는 것은 허용될 수 없습니다. 물론 의사에게 이러한 즉물성이 있다는 것을 부인할 수 없습니다. 환자를 대할 때 의사는 반드시 내적인 거리를 유지해야 하니까요.

병원에서 회진이 어떻게 진행되는지 한번 생각해 봅시다. 그땐 인간이 아닌 '사례'라는 것을 염두에 둡니다. 회진할 때 과장을 안내하는 수련의는 환자를 이런저런 질병의 '한 사례'로 소개합니다. 일반적으로 의사는 환자나 아픈 사람이 아닌 병을 치료하는 경향이 있습니다. 그리고 번번이 '이것은 ○○의 한 사례'라고 말하지요. 여러분은 '그분', '여기 이 환자'가 아니라 '그것'이라고 하고, '걸렸다'가 아니라 '○○병이다'라고 의사들이 말하는 것을 눈치채셨습니까? 그 사람이 앓고 있는 질병을 말하는 게 아니라, 사례가 그 '사람이다'

라고 말하는 것을 말입니다. 그런 다음 '하나의' 사례, 어떤 특정 질병의 임의적이고 단순한 대표자라고 말합니다. 아니면 환자 '자료'로 불리는 길게 늘어선 수많은 번호 중 사례 몇 번이라고 할 수도 있습니다. 의사들끼리 무의식적으로 쓰는 말 속에 숨어 있는 이런 표현들은, 의사에게 환자와의 거리 두기 경향과 물화가 얼마나 깊고 넓게 퍼져 있는지 여실히 드러냅니다. 좋은 의사라면 좋은 사람이기도 합니다. 이에 좋은 의사는 언제나 즉물성에서 벗어나 인간성으로 돌아갈 것을 상기想起합니다. 그는 자신의 태도가 즉물적이 되려고 할 때마다 — 바로 정신병과 맞닥뜨릴 때 그렇습니다 — 인간적인 태도로 전환할 것을 자신에게 더욱 강요하고, 그러면서 가끔 스스로 묻습니다. 이를테면 이렇게 말이죠.

'좋아, 이건 청소년 정신병의 한 사례군. 만약에 내가 이 병에 걸렸다면 어떻게 할까?'

하지만 이는 전혀 별개의 문제입니다. 인간적인 전환, 즉 매우 즉물적이고 과학적인 태도에서 인간적이고 의사 본연의 태도로 전향하는 것, 의사 안의 인간성이 먼저 환자 안의 인간성을 발견하고 (이것은 무엇보다 정신과 의사에게 중요합니다) 더 나아가 환자 안의 인간성을 일깨우는 일(이것도 정신 의학에서 매우 결정적입니다)은 여기서는 더 이상 다루지 않겠습니다.

다시 본론으로 돌아가 보겠습니다. 만약 병든 생명이 인간 사회와 학문 발전을 위해 순전한 이용 가치가 있는가 하고 묻는다면, 이러한 문제 제기야말로 비인간적입니다. 의사답지 못한 관점을, 극단적인 물화와 인간 모독의 관점을 드러내는 것입니다. 우리는 처음부터 이러한 관점을 받아들이기를 거부합니다. 정신적으로 아픈 사람도 질병이 아니라 우선 인간'입니다'. 다시 말해 병이 '있는' 인간이지요. 몹시 아플지라도 그는 인간적일 수 있습니다. 병에 걸렸고, 병을 앓아도, 또 병에 대한 태도에서도 인간적일 수 있습니다.

오래전 저는 한 노부인을 알게 됐습니다. 그녀는 수십 년 동안 중증의 정신 장애를 앓았고 끊임없이 환각에 시달렸습니다. 그녀는 계속 자신의 일거수일투족을 비판하고 조롱하면서 반박하는 '목소리'를 들었는데, 그것은 몹시 고통스러운 일이었습니다. 그런데 그런 끔찍한 운명을 대하는 노부인의 태도는 심히 놀라웠습니다. 그녀는 자신의 운명과 화해를 했습니다! 화해했다는 말은 정말 분명했습니다. 노부인은 자신의 상태를 이야기하는 내내 목소리를 들었지만 침착하고 쾌활했습니다. 또 가능한 범위 내에서 부지런히 일도 했습니다. 그녀의 모습에 오히려 제가 놀라서 조심스럽게 물었지요. 도대체 이런 상태를 어떻게 생각하고, 어떻게 그렇게 웃을 수 있으며, 계속되는 환청이 견디기 힘들지 않은가 하고 말입니다. 노부인의 답변이 궁금하지 않으십니까?

"세상에! 의사 선생, 난 귀머거리인 것보다는 차라리 목소리를 듣는 게 더 낫다고 생각하오."

그녀는 이렇게 말하고 장난기 섞인 미소를 지었습니다. 이것은 얼마나 인간적이고, 얼마나 인간적인 업적인가요! 사람들은 매혹되어 이렇게 말할 수 있습니다.

"그 말 속에는 얼마나 위대한 삶의 기술이 숨어 있는가!"

이젠 다른 경우를 보겠습니다. 불치병에 걸린 환자, 그중에서도 특히 치유 불가능한 정신병 환자를 단지 그 병 때문에 '살 가치가 없는 생명'이라고 평가하고, 학살하겠다고 위협하거나 또 실제로 학살했을 경우 무슨 말을 할 수 있는지 물어봅시다. 사람들이 계속 듣는 말이 있습니다. 치유 불가능한 정신병에 걸린 사람을 죽이는 것은 무조건 거부하기 마련인 정치 이념적 정책에서 유일하게 타당한 것으로 여기고 '대부분 이해할 수 있다'라는 말입니다. 그 때문에 여기서는 그러한 진술의 암묵적인 전제가 되는 근거들을 자세히 들여다보고 반박할 수 없는 반론을 제기하려고 합니다.

여기서 살펴보는 것은 치유 불가능한 정신병 환자입니다. '살 가치가 없는' 무의미한 생명인 그들을 학살할 권리가 문제가 됩니다. 그러므로 우리는 맨 먼저 이 질문부터 던져야 합니다. 도대체 '치유 불가능하다'라는 말은 무슨 뜻일까요? 여러분은 의료인이 아니기 때문에 이해하기에 불충분하고 확인하기 어려운 설명을 늘어놓는 대신, 제가 체험한 구체적인 사례 하나를 들려드리는 것으로 한

정하고 싶습니다.

심리적 압박 상태에 있던 젊은 남자가 대학 병원에 입원한 적이 있습니다. 그 청년은 5년 가까이 아무 말도 하지 않았고, 먹는 것도 누가 먹여 줘야만 억지로 먹어서 코에 삽입한 관으로 영양을 공급할 수밖에 없었습니다. 매일같이 침대에 누워 있었기 때문에 다리 근력은 몹시 쇠약했습니다. 만일 제가 수련의들의 안내를 받으며 병원을 둘러볼 때 이 청년의 사례를 보았다면, 그들 중 누군가는 흔히 있는 일인 듯 분명히 이렇게 물었을 것입니다.

"교수님, 솔직히 말씀해 주십시오. 이런 환자라면 그냥 죽게 내버려 두는 편이 더 낫지 않을까요?"

이에 대한 답변은 미래만이 줄 수 있었습니다. 어느 날 청년은 딱히 그렇다 할 이유도 없이 침대에서 일어나더니 간병인에게 다른 사람들이 먹는 것처럼 식사하고 싶다고 말했고, 또 걷기 연습을 시작해야 하니 침대에서 자기를 꺼내 달라는 부탁까지 했습니다. 평상시에도 그의 행동은 상황에 맞게 특별히 이상한 낌새가 전혀 없었습니다. 청년의 다리 근력은 차츰 강화되기 시작했고, '다 나아서 퇴원하기'까지는 몇 주도 채 걸리지 않았습니다. 그러더니 얼마 후 청년은 전에 다니던 직장에서 일을 다시 시작했을 뿐만 아니라 빈에 있는 시민 대학에 나가 강의도 했습니다. 강의는 그가 과거에 직접 다녀온 해외여행과 산악 여행에 관한 것이었는데, 청년은 당시 찍은 아름다운 사진들을 가지고 왔습니다. 한번은 병원에서 위기의 5년 동안 겪은 내면생활을 주제로 강연해 달라는 제 초청을 받고, 정신과 의사들로 구성된 작은 친목 모임에서 강연하기도 했습니다. 청년은 입원했을 때 경험한 온갖 흥미진진한 체험들을 자세히 이야기해 주었습니다. 당시 외적인 (정신과에서 습관적으로 말하는) '운동 부족'에 가려져 있던 영혼의 풍요로운 세계를 우리 의사들에게 보여주었을 뿐만 아니라, '무대 뒤에서' 벌어지는 일들까지도 아주 상세히 조목조목 들려주었습니다. 그것은 회진할 때 외에는 코빼기도 보이지 않는 비양심적인 의사라면 짐작도 못 할 얘기였습니다. 청년은 여러 해가 지났음에도 여전히 이런저런 사건을 기억하고 있었습니다. 그가 완쾌돼 기억들을 하나하나 꺼내 놓으리라고는 상상도 못했을 간병인들에겐 정말 유감스럽지만 말입니다.

하지만 특정한 경우 일반적이고 일치하는 견해로 볼 때 실제로 치유 불가능한 사례가 있다고 가정해 봅시다. 이 경우, 다시 말해 이 해당 질병이 얼마나 오랫동안 치유 불가능하다고 봐야 할지 누가 말할 수 있을까요? 우리는 지난 수십 년 동안 정신 의학에서 치유할 수 없다고 여긴 정신 장애가 마침내 어떤 치료법으로 완화됐던 일을 경험하지 않았던가요? 완치까지는 아니더라도 말입니다. 그 때문에 마찬가지로 방금 우리가 살펴본 특정 장애도 그러한 치료 방법에 영향받지 않으리라고 누가 말할 수 있을까요? 지금 이 순간 세

계 어디에서, 어느 대학 병원에서 우리가 감히 생각조차 못 할 치료
법으로 치료받고 있을지 누가 말할 수 있겠습니까?

　이제 계속해서 물어야 합니다. 우리가 절대적으로 확신해서 지
금은 물론, 앞으로의 치료 불가능성에 대해 이야기할 필요가 있음
을 알고 있다고 가정해 봅시다. 그럼 누가 의사에게 죽일 수 있는 권
리를 부여할 수 있을까요? 인간 사회는 의사를 그 권한을 가진 자로
임명할 수 있을까요? 의사는 오히려 자기 능력이 닿는 한 목숨을 구
하고, 도와주고, 치료가 불가능하다면 환자를 돌보아 주는 사람이
아닌가요(흔히 정신 병원을 '요양 돌봄 시설'이라고 부르는 것은 괜한 말
이 아닙니다). 의사는 결코 자신에게 맡겨졌거나 혹은 스스로를 내맡
긴 환자들의 삶과 죽음을 가르는 심판자가 아닙니다. 그러므로 처음
부터 의사에겐 그럴 권리가 없습니다. 또한 살 만한 가치가 있는지
없는지, 불치병 환자의 그런 가치를 감히 판단할 수도 없습니다.

　만약 의사들에게 주어지지 않은 그러한 '권리'가 법으로 제정된
다면, 또 그것이 단지 불문법으로 그렇게 된다면 어떻게 될지 한번
상상해 보시기 바랍니다. 의사의 지위에 대한 환자와 가족의 신뢰는
영원히 회복되지 못할 것입니다! 의사가 원조자이자 치료사인지,
아니면 심판자이자 집행자인지 결코 알 수 없을 테니까요.

　하지만 여러분은 계속 이의를 제기할 수 있습니다. 만일 국가가
의사에게 잉여의, 쓸모없는 개인을 없앨 수 있는 권리를 허용할 의

무가 있는지 우리가 진지하게 물어야 했다면, 아마 여러분은 앞서 예로 든 반론이 설득력 없다고 볼지도 모릅니다. 어찌 됐든 국가는 공공 관심의 수호자로서 건강한, 생활력이 있는 사람들의 빵까지 먹어 치우는 '비생산적인' 개인에게서 공동체를 최대한 구해야 한다는 것은 나올 법한 얘기입니다.

음식물, 병원 침대와 같은 '상품'과 의사나 간호 인력 등의 노동이 문제가 될 때, 한 가지 사실만 유념한다면 이러한 논거를 일일이 다 논의할 필요는 없습니다. 만약 국가 경제가 말할 수 없이 어려워져 아주 미미한 숫자에 불과한 치유 불가능한 자들을 없애서라도 위의 상품들을 아끼는 데 의존할 지경이라면, 그런 국가는 경제적으로 이미 오래전에 끝장난 거나 마찬가지입니다!

하지만 이 문제에는 다른 측면도 있습니다. 불치병 환자들이 인간 공동체에 더 이상 아무런 도움이 되지 않고, 따라서 그들을 보살피는 것이 '비생산적인' 보살핌으로 비친다는 점입니다. 이에 공동체를 위한 유용성은 결코 인간 존재를 측정할 수 있는 유일한 척도가 아님을 기억해야 할 것입니다. 지금 다루고 있는 문제의 복잡성을 증명하는 것은 어렵지 않습니다. 정신 병원에 수용돼 손수레로 벽돌을 나르거나 설거지를 돕는 것처럼 단순한 일을 하는 치매 환자들을 예로 들어 봅시다. 그들은 인생 말년을 극도로 '비생산적'으로 보내고 있는 우리의 조부모보다 아주 유용하고 생산적입니다. 조

부모도 단지 자신이 비생산적이라는 이유로 제거되는 것을 몹시 꺼
릴 것입니다. 그 이유가 아니면 그들도 비생산적 생명을 없애는 데
찬성할 테지요. 또 다른 예로 집에서 반신불수가 된 몸을 등받이 의
자에 의지한 채 창가에 멍하니 앉아 있는 할머니의 실존은 얼마나
비생산적인지요. 그렇지만 그녀는 자녀와 손자들의 사랑에 둘러싸
여 정성껏 보살핌을 받습니다. 그 사랑 안에서 그녀는 단지 할머니
일 뿐입니다. 그 이상도, 그 이하도 아닙니다. 가족의 사랑 안에서
그녀는 할머니로서 대체 불가의 존재입니다. 누구도 그녀를 대신할
수 없습니다. 이는 마치 직장에서 자기 일을 수행하는 사람이 공동
체와 관련된 업적에서 대체 불가하고 누구도 그 자리를 대신할 수
없는 것과 마찬가지입니다! 앞서 첫 번째 강연에서 모든 인간의 유
일무이함과 일회성은 각 개인의 가치를 만들어 주고, 이러한 가치는
공동체와 관련 있어야 하며, 유일성은 공동체에 정당한 의미를 지니
고 있다고 말씀드렸습니다. 이와 함께 우리는 모두 무엇보다 공동체
를 위해 행하는 것을 생각해 보기도 했습니다. 하지만 두 번째 길도
존재한다는 것이 입증됐습니다. 유일무이하고 일회적 존재인 인간
은 자신의 유일성 안에서 그 가치가 드러납니다. 즉 개인의 가치가
실현되고, 그로써 개인적이고 구체적인 인생의 의미는 충족됩니다.
이것은 바로 사랑의 길입니다. 더 정확히 말하면 사랑받는 길입니
다. 아무것도 행하지 않고, 아무 일도 하지 않는 것이 수동적인 길처

럼 보일지도 모릅니다. '자기 자신을 내놓지 않고' 사랑받는 것은 거저 얻는 것이나 마찬가지입니다. 그 밖의 경우와 일반적인 경우에는 이를 얻으려면 먼저 행동하고 무진 애써야 합니다. 사랑받는 길에서는 스스로 정성을 쏟고 실행하는 가운데 얻을 수 있는 것을 아무런 수고 없이 획득합니다. 인간은 사랑을 벌어들일 수 없습니다. 사랑은 벌이가 아닙니다. 사랑은 은혜입니다. 사랑 위로 건너가는 길에 놓인 '은혜의 길'에서는 인간이 보통 성취해야 하는 것, 스스로 먼저 행동해야만 얻을 수 있는 것이 허락됩니다. 인간의 유일무이함과 일회성을 실현하는 것이 허락됩니다. 만일 사랑의 본질이 사랑하는 사람을 알아차리는 것이라면 말입니다. 그것도 바로 그의 유일무이함과 유일성 안에서 말이죠.

지금부터는 다음의 논거에 대해 다루려고 합니다. 제 말이 일반적으로는 다 맞지만, 정신 지체(지적 장애) 아동같이 인간이라는 칭호를 지니기에는 좀 부적절한 가련한 생명체에겐 해당되지 않는다는 주장에 대해 말입니다. 그렇지만 여러분은 제가 드리는 말씀을 듣고 놀라실 것입니다. 노련한 정신과 의사라면 결코 그럴 일은 없지만 말이죠. 계속 경험하는 일이지만, 이 아이들이 얼마나 특별히 부모에게 지극 정성으로 보살핌을 받는지 아십니까? 이쯤에서 어떤 어머니가 쓴 편지 한 대목을 여러분에게 읽어드릴까 합니다. 이 어머니는 안락사 조치 와중에 자녀를 잃었습니다.

1929년 6월 6일, 제 아이는 두개골 조기 유합으로 불치병을 안고
태어났습니다. 당시 저는 18살이었어요. 전 아이를 신처럼 떠받
들고 무한한 애정을 쏟았습니다. 엄마와 저는 이 가여운 아이를
도울 수 있는 것이라면 뭐든 했지만 소용이 없었습니다. 아이는
걷지도 못하고 말도 못 했지만, 저는 젊었고 희망을 버리지 않았
습니다. 사랑하는 딸에게 줄 영양제와 약을 사려고 밤낮으로 일
했습니다. 딸아이의 조그맣고 가녀린 손을 제 목에 두르고 "우리
공주님, 엄마가 좋아?" 하고 말하면, 아이는 저를 꼭 안고 웃으
면서 그 작은 손으로 제 얼굴을 서툴게 쓰다듬었지요. 그때 저는
행복했습니다. 어찌 됐든 무척 행복했어요.

하지만 여러분에겐 여전히 몇몇 반론이 남아 있는 것처럼 보입
니다. 여러분은 이렇게 주장할지도 모릅니다. 불치의 환자를 죽이는
의사는 정신 장애의 예에서 볼 때 마지막에 가서는 해당 환자의 의
지를 잘 이해하고 대변해서 행동하는 것인데 바로 그 의지는 착란
상태에 있고, 또 그러한 환자들은 자기 의지와 진짜 관심을 정신 장
애로 스스로 지각할 수 없기 때문에, 의사에게 그러한 의지의 대변
자로서 죽일 수 있는 권한이 주어졌을 뿐 아니라 결국 그렇게 해야
할 의무가 있다고 말입니다. 또 그러한 살해는 만일 환자가 자기 상
태를 제대로 안다면 틀림없이 수행할 자살의 대리 행동으로 볼 수

있다고 말할 수도 있습니다.

이러한 반론에 맞서 말씀드려야 하는 것을 다시 제가 직접 체험한 사례를 통해 보여드리고 싶습니다. 의사가 된 지 얼마 되지 않았을 때 저는 내과 병동에서 근무했는데, 하루는 젊은 동료가 입원했습니다. 그는 진단서를 가지고 왔는데, 더는 손을 쓸 수 없을 정도로 극도로 위험하고 특이한 악성 종양이었고, 진단은 정말 사실이었습니다! 그것은 암의 특수한 형태로 의학에서는 흑색 육종이라고 부르며, 소변의 특정 반응을 통해 확인할 수 있습니다. 우리는 동료를 속이려고 했습니다. 그래서 그의 소변을 다른 환자 것과 바꿔 음성 반응이 나온 것을 보여 주었지요. 그런데 그가 어떤 행동을 했는지 아십니까? 어느 날 한밤중에 실험실에 몰래 들어가 자기 소변으로 직접 반응 검사를 했습니다. 그리고 다음 날 회진할 때 양성으로 나타난 결과를 보여 주고 우리를 놀라게 했습니다. 우리는 당황해서 어쩔 줄 몰랐습니다. 동료가 틀림없이 자살할 것이라는 생각 외엔 아무 생각도 할 수 없었습니다. 매번 그가 평소처럼 인근의 작은 커피숍에 가려고 나갈 때마다 — 우리는 도무지 허락하지 않을 수 없었습니다 — 혹여 그곳 화장실에서 음독자살을 했다는 소식을 듣는 것은 아닐까 얼마나 마음을 졸였는지 모릅니다. 그런데 무슨 일이 벌어졌는지 아십니까? 병세가 눈에 띄게 악화되자 동료는 자기 병의 진단을 점점 의심하기 시작했습니다. 종양이 간에 전이됐을 때는 심지어 무해한 간 질환이라고 진단을 내렸습니다. 도대체 무슨 일이 생겼던 걸까요? 생의 종착점이 다가올수록 동료의 생의 의지는 더욱더 솟구쳤고, 임종을 받아들이려 하지 않았습니다. 사람들은 자신이 원하는 대로 생각할 수 있습니다. 분명한 사실은 생의 의지가 왕성해졌다는 것입니다. 그리고 이러한 사실은 유사한 모든 사례에서도 유효하며, 우리에게 분명하고 단호하게 주의를 줍니다. 우리에겐 이러한 생의 의지를 환자에게서 빼앗을 권리가 전혀 없다는 것을!

또 우리는 의사로서 이미 벌어진 사실 앞에 섰을 때, 다시 말해 누군가 더 이상 생의 의지가 없다는 것을 행동으로 증명했을 때도 이러한 주장을 옹호해야 합니다. 자살한 사람을 말입니다. 누군가 자살을 시도할 때 의사라면 의사로서 할 수 있는 한 그리고 할 수 있는 만큼의 개입, 즉 구제하고 도와줄 권리뿐 아니라 의무도 있다고 봅니다. 이 문제는 이전에 없던 일은 아니었습니다. 저는 몇 해 전에 스스로 치료법을 개발하고자 고심한 적이 있습니다. 그것은 그때까지 행해진 방법으로는 실패한 심각한 수면제 중독 환자 사례도 치료할 수 있는 것이어야 했습니다. 이런 저를 보고 동료 사이에서는 말이 많았습니다. 그들은 인간적으로 충분히 이해할 수 있는 (이를테면 인간 집단 전체가 극도로 위협적인 특별한 상황에서 번지는 자살 전염병으로) 자살을 결심한 사람들을 삶으로 되돌려 놓을 권리가, 다시 살아나게 할 권리가 저에겐 없다는 말을 하고 싶어 했지요. 동료들은 제가 하는 일이 운명으로 장난치는 것과 똑같다고 했습니다. 하지만 전 제 입장을 굽히지 않았습니다. 또 이 원칙을 계속 비판하던 제 조교가 자살을 시도해 병원에 실려 왔을 때도 포기하지 않았습니다. 그때도 전 제 원칙을 고수했고, 제가 개발한 치료법을 적용했습니다. 비록 감사 인사를 듣진 못했지만 성공적이었습니다. 저는 제 방법을 비난하던 도덕적 비판자들에게 이렇게 말했습니다 (의학적 비판이었다면 사실에 의해 반박되었을 테지요). 제가 운명으로 장난친 게 아니라 자살한 사람의 운명에 그를 내맡긴 채 그대로 '놔두고', 계속 도우면서 관여할 수 있는데도 두 손 놓고 방관한 의사야말로 운명으로 장난친 것이 아니냐고 말입니다. 만약 자살한 사람을 실제로 죽게 한 것이 정말 '운명'이었다면, 그 운명은 어떻게든 수단과 방법을 찾아내 자살로 죽어 가는 사람을 제때 의사 손에 넘겨주진 않았을 겁니다. 하지만 자살자가 의사 손에 맡겨졌을 땐 의사도 의사답게 행동하면서 그 운명, 그 '자비로운' 운명의 팔을 붙잡아선 안 됩니다.

지금까지 불치병 환자의 안락사를 옹호하는 듯한 주장들을 모두 살펴보았습니다. 바라건대 이렇게 해서 현존의 유의미성이 절대적이라는 것과 그 때문에 살면서 의미에 대한 믿음이 확고부동하다는 것이 여러분께 잘 전달됐으면 합니다. 우선 삶이 의미 있다는 것

이 증명됐고, 이어 고통도 의미에 관여하고 삶의 의미를 공유한다는
것이 밝혀졌습니다. 그런 다음 죽음 또한 의미가 있을 수 있다는 것,
즉 '자신의 죽음을' 죽는 것이 유의미할 수 있다는 것이 입증됐습니
다. 마지막으로는 질병, 불치병, 어떤 치료 불가능한 정신병도 누구
에게도 권리를 내줄 수 없다는 것이, '살 만한 가치가 없는 생명'인
인간의 삶으로부터 살 권리를 빼앗을 수 없다는 것이 명백하게 드
러났습니다. 이렇게 해서 우리는 인생의 의미에 관한 물음을 다양한
측면에서 어느 정도는 훑어본 셈이 됩니다. 이쯤에서 우리가 얻은
주요 결론을 대략 더듬어 본다면 근본적인 깨달음이 떠오릅니다. 그
것은 우리의 삶 자체는 질문받은 것이고, 이에 삶의 의미를 물을 수
없다는 것과 그 이유는 삶의 의미가 대답하는 데 있기 때문이라는
점입니다. 그러나 우린 이야기했습니다. 우리가 삶의 구체적인 물음
에 대해 삶에 들려줘야 하는 대답은 말이 아닌 오로지 행동에만 있
다는 것을요. 이는 삶과 우리의 존재 전체 그 이상입니다! 우리는 또
말했습니다. 삶의 물음에 대답할 수 있는 것은 우리가 삶에 책임을
질 때 가능하다고 말입니다.

끝으로 우리는 의미에 대한 근원적인 질문을 다른 방향으로도
돌릴 수 있다는 것, 그 질문이 다른 걸 의미할 수 있다는 것도 잊어
서는 안 됩니다. 그 질문이 온 세계와 관련해, 특히 우리가 뜻밖에
당하고 아무런 이유 없이 불가피하게 만나는 것, 즉 운명과 관련해

서 주어질 때 말입니다. 우리는 운명을 통솔할 수 없습니다. 왜냐하면 운명은 우리가 아무런 영향을 끼칠 수 없는 것이고, 근본적으로 우리 의지의 힘에서 벗어난 것이니까요. 확실한 것은 삶의 의미는 대부분 우리가 외적인 운명과 맞닥뜨렸을 때 어떤 태도를 취하고, 더는 계획할 수 없거나 아예 처음부터 그것을 바꿀 수 없을 때 어떻게 행동하느냐에 달려 있다는 것입니다. 하지만 우리는 계속해서 이 거짓 없는 순수한 운명조차, 그리고 운명과 함께, 운명을 넘어 저기 밖에 세상만사가 의미 있다고 생각할 수 없는 것은 아닐까 하고 물어야 합니다.

제 말은 여기서 생각할 수 있는 가능성이 두 가지라는 것입니다. 그것은 모두 반박할 수 없고 증명할 수 없다는 것이지요! 최후에 사람들은 모든 것에 전혀 의미가 없다고 주장할 수 있습니다. 마찬가지로 모든 것에 매우 의미가 있다고 할 수도 있습니다. 그뿐만 아니라 전체의 의미, 모든 의미를 이해할 수 없을 정도로 의미가 있다고, 여기서는 단지 '세계의 초의미super meaning'만을 말할 수 있을 정도로 의미가 있다고 주장할 수도 있습니다. 다시 말해서 똑같이 정당하게 총체적인 세계의 무의미뿐 아니라 세계의 모든 의미 또한 옹호될 수 있습니다. 여기서 '똑같이 정당하게'라는 말은 '똑같이 이성적으로' 정당하게 혹은 부당하게라는 뜻입니다. 사실 이렇게 해서 우리 앞에 놓인 결정은 더 이상 이성적인 결정이 아닙니다. 이성적으로는 얼마든지 이것저것 옹호할 수 있고, 이성적으로는 두 가지 생각의 가능성이 생각의 진짜 가능성이 되기도 합니다. 여기서 말하는 결정은 이성적으로 볼 때 아무런 근거가 없는 결정입니다. 그것은 토대가 되는 것이 아무것도 없습니다. 다시 말해 그것의 토대가 되는 것은 무無입니다. 이러한 결정 안에서 우리는 무의 심연 위를 부유합니다. 그렇지만 동시에 그 안에서 초의미의 지평선 아래 서게 됩니다! 인간은 더는 이성적인 법칙이 아닌 자신의 고유한 존재의 깊이로부터 이러한 결정을 내릴 수 있고, 스스로 이것저것 선택할 수 있습니다. 하지만 우리는 한 가지 사실을 압니다. 인간이 최후의 의미에 대한, 존재의 초의미에 대한 믿음을 선택할 때, 그 믿음은 모든 믿음이 그러하듯 창조적으로 작용한다는 것을 말입니다. 왜냐하면 믿음은 단순히 '자신의' 진실에 대한 믿음이 아니기 때문입니다. 그것은 그 이상입니다. 믿음은 자신이 믿는 것을 실현합니다! 이에 우리는 말할 수 있습니다. 생각의 가능성 하나를 붙잡는 것은 단순히 생각의 가능성을 붙잡는 것 이상이라는 걸 말입니다. 그것은 단순한 생각의 가능성 하나를 실현하는 것입니다.

*Experimentum crucis*

# 결정적 실험

*Viktor Emil Frankl*

독일 바이에른주에는 뮌헨에서 서쪽으로 50km가량 되는 곳에 란츠베르크라는 소도시가 있습니다. 그곳에서부터 길 하나가 남쪽으로 5km 떨어진 마을 카우퍼링 시장까지 연결돼 있습니다. 작년 벽두 어느 날 새벽녘, 남자 280명이 그 길 위를 걸어갔습니다. 5열 종대로 줄을 맞춰 나치 친위대의 감시하에 걸었습니다. 무리는 카우퍼링 강제 수용소 수감자들이었습니다. 그들은 근처에 있는 숲속으로 걸어갔는데, 그곳은 위장된 군수 공장이 어마어마한 규모로 건설되는 곳이었습니다. 너덜너덜하게 해진 옷을 입은 축 늘어진 형상들이 길 위를 걸어갔습니다. 아니 걸어갔다는 말은 잘못된 표현입니다. 그들은 절뚝거리며 걸었습니다. 서로서로 팔짱을 끼고 부축하면서 간신히 몸을 끌고 걸었습니다. 굶주림으로 퉁퉁 부어오른 두 다리는 고작 평균 40kg밖에 안 되는 몸뚱이도 떠받치기 힘겨웠습니다. 발은 상처투성이였고, 이리저리 신발에 쓸려 온통 곪고 동상으로 갈라 터져서 통증이 심했습니다. 사람들은 머릿속에 무슨 생각을 하고 있었을까요? 그들은 일을 마치고 수용소로 돌아가 매일 저녁 한 번씩 배급받던 수프를 떠올렸습니다. 혹시나 오늘 밤은 운이 좋게 국물 외에 떠다니는 감자라도 들어 있진 않을까 기대했습니다. 또 15분 후다시 일하러 나갈 때 어떤 작업반에 배치될지 생각해 보기도 했습니다. 혹여 무서운 감독이 있는 작업반에 들어가진 않을까 아니면 비교적 편안한 곳일까 하고 말입니다. 이렇듯 사람들의 생각은 수감자의 일상적인 걱정거리 언저리만 빙빙 맴돌았습니다.

이런 생각이 그들 중 한 사내에게 왠지 어리석어 보이기 시작했습니다. 그래서 그는 다른 생각, 곧 '더욱 인간다운' 걱정을 하려고 시도했지요. 그렇지만 그러한 시도는 별로 성공할 것 같지 않았습니다. 그때 그는 한 가지 속임수를 썼습니다. 사내는 사람들이 흔히 말하듯이 좀 더 멀리, 혹은 미래의 관점에서 (이론적으로 미래를 생각해본다는 의미로) 바라보면서, 이 모든 고통에 찬 삶으로부터 거리를 두고 스스로 그 위에 일어서고자 애썼습니다. 그래서 무엇을 했는지 아십니까? 사내는 빈 시민 대학 강단에 서서 바로 지금 체험한 것에 대해 강연하고 있을 자신의 모습을 상상했습니다. 마음속으로 그는 '강제 수용소 심리학'이란 제목으로 강연을 했습니다.

여러분이 무리 속에 있는 그 사내를 좀 더 가까운 거리에서 눈여겨보셨다면, 그가 입은 윗옷과 바지마다 작은 헝겊 조각이 실로 꿰매어져 있는 것을 알아차리셨을 겁니다. 그리고 그 위에 '119104'라고 적힌 숫자를 읽으셨겠지요. 이것을 만일 다하우 강제 수용소 명부에서 찾아본다면, 숫자 옆에 기재된 수감자 이름이 '프랭클, 빅터'라는 것을 발견하셨을 겁니다.

당시 사내가 마음속으로 그려 본 강연을, 지금 저는 여러분께 이곳 빈 시민 대학 강당에서 최초로 하려고 합니다. 그것을 그대로 말씀드리겠습니다.

당시 강연은 이렇게 시작됐습니다. 강제 수용소 심리학에서 수용소 생활에 대한 수감자의 심리적 반응은 몇 가지 단계로 분류할 수 있습니다. 첫 번째 단계는 수감자가 수용소로 막 이송된 시기입니다. 이는 '수용受容 충격'이라고 부를 수 있는 단계입니다. 한번 상상해 보시길 바랍니다. 수감자가 아우슈비츠에 이송됐다고 합시다. 제 경험상 만일 그가 대략 95% 다수에 속한다면 기차역에서 곧장 가스실로 보내집니다. 하지만 저처럼 우연히 5%의 소수에 속할 경우 처음엔 소독실로, 그러니까 진짜 샤워실로 보내지게 됩니다. 샤워실에 들어가기 전, 그는 몸에 지니고 있던 것을 몽땅 빼앗깁니다. 단 바지 멜빵과 허리띠만은 계속 지닐 수 있고, 경우에 따라 안경이나 탈장대도 소지할 수 있습니다. 하지만 몸에 난 털은 한 올도 남김없이 죄다 밀어야 합니다. 그런 다음 마침내 샤워기 아래 서면, 이제까지 그의 온 생애에서 남는 것이라곤 말 그대로 '벌거벗은' 존재 외에는 하나도 없습니다. 그때 강제 수용소 체험의 첫 번째 단계에서 생기는 본질적인 일이 일어납니다. 그는 지금까지의 자신의 현존에 모두 종지부를 찍습니다.

그런 다음 가장 먼저 떠오르는 생각은 어떤 방법으로 자살하는 게 가장 좋은가 하는 물음입니다. 이것에 놀라는 사람은 아무도 없을 것입니다. 실제로 이런 상황에서는 누구든지 잠깐이라도 '철조망으로 걸어 들어가' 자살하는 상상을 합니다. 이것은 수용소에서 흔히 행해지던 방법으로, 사람들은 고압 전기가 흐르는 가시 철조망에 몸을 던졌습니다. 하지만 계획은 즉각 철회되는데, 이유는 그 방법이 매우 무의미하기 때문입니다. 조만간 가스실로 가지 않을 확률이 평균적으로 매우 낮은 한 자살 시도는 불필요합니다. 만일 가까운 시일 내 가스실로 가게 된다면 철조망에 뛰어들 사람이 누가 있겠습니까? '가스'를 두려워한다면 더 이상 '철조망'을 원할 필요는 없습니다. 하지만 '철조망'을 원했다면 '가스'를 전혀 두려워할 필요가 없겠지요.

제가 이런 이야기를 할 때마다 늘 다음과 같은 체험을 빼놓지 않고 말합니다. 우리가 아우슈비츠에서 보낸 첫날 아침, 우리보다 몇 주 일찍 그곳에 도착한 동료 하나가 신참자들이 모여 있던 분리된 임시 수용소로 몰래 들어왔습니다. 동료는 우리를 위로하고 또 우리에게 경고해 주려고 했습니다. 그는 우리가 무엇보다 외모에만 신경 써야 한다는 말과 함께 일할 능력이 있다는 인상을 주도록 무조건 노력해야 한다고 귀띔해 주었습니다. 정말 대수롭지 않은 일로, 예컨대 신발이 맞지 않아 절뚝거리는 것만으로도 가스실로 가기에 충분하다고 했습니다. 즉 누군가 절뚝거리는 모습을 나치 친위대원이 본다면 가차 없이 불러내 가스실로 곧장 보낼 수 있다고 했습니다. 그곳에서는 오직 일할 능력이 있는 사람만이 계속 살 수 있는 자로 고려되고, 그 밖의 사람들은 모조리 살 만한 가치가 없는, 생존하기엔 무가치한 자로 간주된다는 것이지요! 그래서 동료는 우리에게 날마다 면도할 것을 권했습니다. 유리 조각처럼 그게 무엇이든 면도할 수 있는 것을 구해서 수염을 깎아 더욱 혈색이 좋고, 더욱 생기가 돌고, 더욱 건강하게 보이라고 조언해 주었습니다. 마지막으로 그는 우리 신참자들이 건강하고 일할 능력이 있어 보이기에 충분한지 유심히 훑어보았고, 이렇게 말하며 우리를 안심시켰습니다.

"여러분 모두 당장은 가스실로 보내질 염려가 없겠군요. 단 저기 한 사람, 프랭클 자네는 예외라네. 나한테 화난 건 아니지? 하지만 외모로 봐선, 지금은 자네가 유일하게 선별 대상이야."

다음번에 가스실로 가야 할 사람들을 고르는 것을 수용소에서는 선별이라고 말했습니다. 그때 저는 동료에게 눈곱만치도 화가 나지 않았습니다. 그 순간 제가 느꼈던 것은, 이렇게 하면 자살 시도를 할 일은 거의 없겠구나 하는 최고의 만족감이었습니다.

자기 운명에 무관심해지는 속도는 점점 더 빨라졌습니다. 수용소에 체류한 지 며칠 되지도 않아 수감자는 급속도로 무감각해졌습니다. 주위에서 일어나는 일에 갈수록 무심해졌습니다. 처음 며칠간 외부 사람은 상상도 하지 못할 엄청난 인상들, 이를테면 공포, 분노, 혐오와 같은 감정과 추함으로 (세상의 온갖 추한 것은 다) 가득 찬 느낌이 반응으로 나타난다면, 이러한 감정은 결국 잦아들고 정서적인 삶은 거의 남아 있지 않습니다. 그러면 모든 생각과 에너지는 오로지 오늘 하루를 살아남는 데에만 국한됩니다. 정신생활의 조리개는 단지 이 유일한 관심으로만 좁혀집니다. 정신은 그 밖의 모든 것과 완전히 담을 쌓으면서 평소라면 마음을 흔들고 마구 휘젓는 인상들을 튕겨 냅니다. 이렇게 해서 정신은 스스로를 보호하고, 또 자신에게 밀려드는 우월한 힘 앞에서 안전을 지키고 평정을 유지하고자 애씁니다. 스스로를 무관심 속으로 도피시키려고 말입니다. 하지만 이렇게 함으로써 수감자는 수용소 생활에 대한 자신의 심리적 반응 두 번째 단계에 막 발을 들여놓게 됩니다. 이 단계를 '무감정의 단계'라고 부릅니다.

그런데 그러한 배타적인 관심이 오로지 자기 보존에만, 자신과 친구의 생명을 보존하는 데에만 있다면 인간의 내적 수준은 저하될 수밖에 없습니다. 동물 수준으로 떨어집니다. 더 자세히 보면, 떼 지어 사는 동물 수준으로 떨어진다고 보충해서 말할 수 있습니다. 이는 수감자의 행동을 관찰할 때 더 잘 판단할 수 있습니다. 정렬할 때 수감자들에게 중요한 것은 행렬 가운데에 그리고 5열 종대 가운데에 자리 잡아서 보초병의 군홧발에 걷어차이지 않는 것이었습니다. 수감자 모두가 하나같이 가장 고심한 것은 눈에 띄지 않는 것, 어떻게 해서든 자기를 드러내지 않고 무리 속에 잠기는 것이었습니다. 이렇게 무리 속에 가라앉는 것이 침몰, 개인의 몰락으로 이어졌다고 해도 놀랄 사람은 없습니다. 수용소에서 인간은 집단적 존재로 변할 위험에 처했습니다. 대개의 집단적 존재처럼 매우 원시적으로 변했습니다. 그의 충동적인 태도는 모두 원시적인 태도가 되었습니다. 그것은 일반적으로 본능적이라는 점에서 원시적이었습니다. 따라서 ― 저와 함께 강제 수용소에 있었던 ― 제 동료 정신 분석가들이 전문 용어로 '퇴행'이라고 말했던 것도 잘 이해할 수 있습니다. 퇴행이란 정신이 더욱 원시적인 충동의 단계로 되돌아가는 것을 의미합니다.

수감자들이 꾸었던 전형적인 꿈을 통해 당시 그들이 마음속으로 어떤 원초적인 소망에 몰두했는지 관찰할 수 있었습니다. 수용소에서 사람들은 보통 어떤 꿈을 꾸었을까요? 그것은 항상 똑같았습니다. 빵, 담배, 맛이 좋은 원두커피 그리고 무엇보다 아늑하고 따뜻한 욕조 목욕이었습니다(그리고 저는 개인적으로 아주 특별한 케이크를 꿈꾸었지요).

그렇지만 한쪽으로 치우친 정신 분석적 성향이 있는 동료들의 말은 근본적으로 틀린 것이었습니다. 강제 수용소 체험이 운명처럼 어쩔 수 없이 인간을 퇴행으로 몰고 간다는, 즉 억지로 내적인 퇴보로 떠민다는 말은 사실이 아닙니다. 저는 수많은 사례를 알고 있는데, 물론 이것은 개별적인 사례일지 모르나 기본적으로 강력한 증거가 됩니다. 사례 속 해당 인물들은 내적으로 퇴행하고 퇴보하기는커녕 오히려 내적으로 진보했습니다. 자기 자신을 뛰어넘어 내적으로 성숙했으며, 진정한 인간의 위대함에 이르도록 성장했습니다. 그것도 바로 강제 수용소 안에서, 강제 수용소 체험을 통해서 말입니다.

정신 분석가가 아닌 다른 전문가들은 강제 수용소에서 사람들에게 일어나는 일을 다른 시각으로 해석했습니다. 저명한 성격학자 에밀 우티츠Emil Utitz, 1883~1956 교수 역시 수용소에서 몇 년을 보냈습니다. 그는 보통 수감자들의 성격은 정신과 의사 에른스트 크레취머 Ernst Kretschmer, 1888~1964가 '조현병적 유형'이라고 부른 심리 유형으로 발전하는 것을 관찰할 수 있다고 보았습니다. 조현병적 유형이란 아시다시피 조현병에 시달리는 사람처럼 무감정과 흥분 상태를 왔다 갔다 하는 게 특징입니다. 이와 함께 '순환성cycloid' 기질이라고 불리는 또 다른 중요한 유형이 있는데, 이 순환성 기질은 금방 '하늘을 찌를 듯이 환호하다가' 금방 '땅으로 꺼질 듯이 슬퍼하는' 특징을 보입니다. 다시 말해서 기쁨에 넘치는 흥분 상태와 슬픔에 빠진 불쾌한 상태를 계속 돌고 돕니다. 하지만 이곳은 심리학적 의견에 대해 전문적인 논의를 하는 자리가 아니기 때문에 기본적으로 중요한 것에 한정해서 말씀드리겠습니다. 그것은 제가 똑같은 관찰 자료로 우티츠 교수와는 상반되는 것을 얻을 수 있었던 확신입니다. 더 자세히 말하자면, 강제 수용소에서 인간은 내적으로 (표면상) 조현병을 앓는 '전형적인 강제 수용소 수감자' 쪽으로 발전하는데 절대 외적인 강요를 받지 않는다는 것입니다. 오히려 그는 자신의 운명과 환경을 위해 이런저런 입장을 취할 수 있는 자유, 인간적인 자유를 보존하고 있습니다. 그리고 이런저런 것은 정말 있었습니다! 수용소에는 자신의 무감정을 극복하고 흥분을 억제할 수 있는 사람들이 있었습니다. 무엇보다 중요한 것은 그렇게 해야만 한다는 것뿐만이 아니라 그것이 가능하다는 것을 호소하는 것, 그것이 다르게도 가능하다는 것을 보여 주는 것이었습니다! 어느 누구도 수감자로부터 내적 능력, 본래 인간의 자유까지 빼앗을 순 없었습니다. 비록 그 밖의 모든 것을 수용소에서 빼앗을 수 있었고 실제로도 빼앗아 갔지만 말입니다. 하지만 그의 곁에는 자유가 있었습니다. 그가 계속 소지할 수 있었던 안경까지 주먹으로 얻어맞아 박살 났고, 어느 날은 빵 한 조각과 허리띠를 바꿀 것을 강요당해 가진 거라곤 끝내 아무것도 남아 있지 않았을 때도 자유는 그의 곁에 남아 있었습니다. 그리고 마지막 숨을 거두는 순간까지 그것은 그의 곁에 있었습니다!

강제 수용소에서 인간이 심리 법칙의 지배를 받았더라도, 그럼에도 그에겐 자유도 있었습니다. 힘과 영향에서 벗어나고, 심리 법칙에 굴복하지 않고 저항하며, 그것을 맹목적으로 따르는 대신 멀리하려는 자유 말입니다. 수감자에게도 그러한 자유는 있었습니다. 하지만 그는 자유를 포기했고, 자유의 사용을 그만두었습니다. 그것도 자발적으로 말입니다! 이렇게 해서 수감자는 스스로를, 자기 자신을, 자신의 가장 고유한 것을 포기했습니다. 정신적으로 추락하도록 자신을 내버려 뒀습니다.

이제 우리는 수감자들이 언제 몰락하는지, 정신은 언제 나락으로 떨어지는지 물어야 합니다. 그리고 답변은 이렇습니다. 그것은 정신적 버팀목을 잃어버렸을 때, 그에게 내적인 버팀목이 없어졌을 때라고 말입니다! 버팀목은 미래에 대한 버팀목과 영원 안에 있는 버팀목, 이 두 가지 형태로 존재했습니다. 후자의 경우는 모든 참된 종교적 인간에게서 볼 수 있었습니다. 그들에게 미래에 대한 버팀목은 전혀 필요하지 않았습니다. 언젠가 석방된 뒤 수용소 밖의 자유를 누릴 때 미래 삶에 기대는 버팀목은 필요가 없었습니다. 다가올 운명을 기대하느냐 아니냐에 상관없이 그들은 흔들리지 않았습니다. 그러한 미래를 체험하고 강제 수용소에서 살아남을 수 있을까, 이런 물음과는 상관없이 전혀 흔들리지 않았습니다. 하지만 다른 사람들은 자신의 미래 삶을, 미래 삶의 목적을 붙들어 줄 버팀목을 찾는 데에만 의존했습니다. 미래를 생각하는 것이 그들에겐 어려웠습니다. 미래에 대한 생각은 근거도 없고 종점도 없었습니다. 그 끝은 보이지 않았습니다. 우리에겐 흉악범조차 부러움의 대상이었습니다. 왜냐하면 그는 '10년만 감옥살이를 하면 되겠구나', 이렇게 정확하게 알고 있었으니까요. 자신이 석방될 때까지 며칠이 더 남았는지 매일 계산할 수 있었으니 그는 얼마나 운이 좋은 사람입니까! 수용소 안에 있는 우리는 너나 할 것 없이 모두 '종착역'이 없거나 알 수 없었고, 그 끝이 언제가 될지 누구도 몰랐습니다. 이것이 수용소 생활에서 정신적으로 가장 힘든 일 중 하나였을 거라는 데 수감자들의 견해는 일치합니다! 또 끊임없이 떠도는 머잖아 전쟁이 끝난다는 소문은 기다림의 고통을 가중시킬 뿐이었습니다. 왜냐하면 그 날짜는 계속 뒤로 미뤄지기만 했으니까요. 그렇다면 그 말을 믿을 사람이 누가 있겠습니까? 3년이 다 지나가는 동안 제가 늘 듣던 말은 이런 것이었습니다.

"6주 후면 전쟁은 끝나. 길어 봤자 6주만 지나면 다시 집에 갈 수 있다고."

실망은 더욱더 쓰라리고 깊어만 갔고, 기대는 점점 소심해지기만 했습니다. 성경에도 '계속 실망한 마음은 병이 든다'라고 쓰여 있지 않던가요?*

마음은 참으로 병이 듭니다. 심히 병들어 끝내 심장이 멈출 수도 있습니다. 다음 사례를 들으시면 잘 이해할 수 있을 것입니다. 작년 3월 초, 당시 제가 있던 막사에서 나이가 제일 많은 어르신이 들려준 이야기가 있습니다. 그는 부다페스트 태생의 오페레테(희가극) 극작가 겸 탱고 작곡가였는데, 아주 이상한 꿈을 꾸었다고 했습니다. 어르신은 제게 이렇게 말했습니다.

---

* '이루어지지 않은 희망은 마음을 아프게 하지만 이루어진 소망은 생명의 나무가 된다' 라는 〈잠언〉 13장 12절을 인용한 듯하다. – 옮긴이

"2월 중순에 꾼 꿈인데, 어떤 목소리가 들리더니 말하더군. 내가 바라는 것을 빌라고 하면서, 알고 싶은 것을 자기에게 물으면 알려 주고 미래를 예언해 줄 수 있다고 말이야. 그래서 이 전쟁이 언제 끝나느냐고 물어봤네. 이해하겠나? 그러니까 언제 미군이 진격해 와서 우리가 풀려나겠냐고 물었지."

그때 그는 제 쪽으로 몸을 기울이더니 귓속말로 속삭였습니다.

"3월 30일이야!"

3월 중순에 저는 발진 티푸스에 걸려서 의무실에 가 있었습니다. 그리고 4월 1일 그곳에서 나와 제가 묵던 막사로 돌아갔지요. 전 어르신이 어디 계시는지부터 물었습니다. 그리고 제가 들은 말이 뭐였는지 아십니까? 3월 말, 꿈속 목소리가 예언한 날짜가 점점 다가왔지만 군사 상황이 나아질 기미는 좀처럼 보이지 않았습니다. 어르신은 눈에 띄게 침울해졌지요. 3월 29일엔 고열에 시달리기 시작했고, 3월 30일 ― '그에게' 전쟁이 끝나야 했던 그날 ―에는 의식을 잃었습니다. 그리고 3월 31일, 어르신은 세상을 떠났습니다. 발진 티푸스로 돌아가셨습니다.

정신적인 버팀목을 잃어서, 특히 미래에 대한 버팀목을 상실해서 심리적으로 무너지는 것은 육체적인 쇠락으로도 이어집니다. 이제부터 정신적, 심리적, 육체적 쇠락에 맞서는 치료법은 없었는지, 이에 맞서 사람들은 무엇을 할 수 있었고, 그것은 무엇이었는지 질문하려고 합니다. 이 물음에는 이렇게 답변할 수 있습니다. 치료법은 있었겠지만, 확실한 것은 애초에 심리적인 것에 한정될 수밖에 없었을 테고 따라서 오직 심리 치료만이 가능했을 것입니다. 당연히 심리 치료에서는 정신적인 버팀목을 제공하는 것이, 삶에 목적을 부여하는 것이 최우선이었습니다. 니체가 이렇게 말한 것을 기억합니다.

왜 사는지 아는 사람은 어떻게 사는지를 거의 모두 견디어 낸다.

'왜'는 삶의 목적입니다. 그리고 '어떻게'는 강제 수용소 생활을 매우 힘들게 했던 삶의 조건들입니다. 그것은 오로지 '왜, 무엇 때문에'와 관련해서만 견딜 수 있었습니다. 만약 수용소에서 사람들이 끝까지 버틸 수 있게 해 준 것이 실질적으로 심리 치료밖에 없었다면 그것은 특별한 의미로 책임이 있었습니다. 즉 살아남으려는 의지를 불러일으킬 것을 요구받은 인간이 먼저 그러한 생존은 의미가 있다는 것을 증명하도록 애써야 했습니다. 더 나아가 정신과 의사의 과제도 수행해야 했습니다. 그것은 수용소에서 진정한 의료 사제Ärztliche Seelsorge*로서의 과제였습니다. 이는 대체로 살아남는 것

---

\*    프랭클이 만든 중요한 개념. 목회, 상담을 뜻하는 독일어 'Seelsorge'는 'Seele(영혼, 정신)'와 'Sorge(걱정, 돌봄, 보호)' 두 단어의 합성어로, 목사나 사제가 사람들의 영혼을 돌보듯이 의사도 그런 역할을 수행해야 한다는 의미이다. – 옮긴이

을 전혀 기대할 수 없던 사람들과 관련된 일이기에 무척 힘들었습니다! 도대체 그들에게 무슨 말을 해 줄 수 있었을까요? 그렇지만 무슨 말이라도 해야 했습니다. 따라서 그러한 상황은 의료 사제에게 '결정적 실험Experimentum crucis'이나 다름없었습니다. 지난 강연에서 삶뿐만 아니라 고통도 의미가 있다는 것을 말씀드렸습니다. 겉으로 보기에는 고통이 아무런 성과 없이 끝나고, 그 때문에 헛되게 보인다고 해도 의미는 절대적이어서 스스로도 충족될 수 있다고 했습니다. 대부분 그러한 고통은 우리가 강제 수용소에서 느끼던 것이었습니다. 하지만 수용소에서 제 옆에 누운 채 자신이 언제, 얼마나 빨리 죽을지 매우 정확하게 알고 있던 사람들에게 제가 무슨 말을 할 수 있었겠습니까? 삶도, 사람도, 일도 — 첫 번째 강연에서 이야기한 두 남녀의 경우처럼 — 자기를 기다리는 것은 아무것도 없고, 또 기다린다 해도 그것이 헛되다는 것을 그들도 저처럼 잘 알았습니다. 이에 삶의, 살아남기의 의미와 더불어 고통의 의미도, 헛된 고통의 의미도 가치가 있었습니다. 아니, 그 이상입니다. 죽음의 의미를 보여 주는 것은! 지난 강연에서 이야기한 릴케의 바로 그 말, '자신의' 죽음을 죽는 것이 중요하다는 말처럼 죽음은 더 많은 의미를 지니고 있을지도 모릅니다. 우리에게 중요한 것은 나치 친위대가 강요한 죽음이 아닌 우리의 죽음을 죽는 것이었습니다! 삶의 과제와 마찬가지로 우리는 이러한 과제에도 책임이 있습니다. 그것은 누구의,

어떤 요청에 의한 책임입니까? 누가 다른 사람을 대변해서 이 물음에 대답할 수 있을까요? 이 마지막 질문은 누구나 스스로 마지막 순간에 결정해야 하는 것이 아닌가요? 수감자 중 어떤 사람은 양심 앞에 책임을 느꼈고, 어떤 사람은 신 앞에, 또 어떤 사람은 먼 곳에 있는 한 인간 앞에 책임을 느꼈다면 여기에 차이점이 있을까요? 어쨌든 우리는 어떻게든, 어디서든, 그게 누구든 그곳에 있었다는 것을 잘 알았습니다. 눈에 보이지 않아도 자신을 지켜보고, ─ 도스토옙스키가 말했듯이 ─ '고통은 가치가 있다'라면서 자신에게 요구하고, 또 '자신의 죽음을 죽을 것'을 바라는 사람이 있었다는 것을 말입니다. 우리는 누구나 그러한 바람을 죽음이 다가오는 매 순간 느꼈습니다. 삶으로부터 뭔가를 기대하고, 누군가 혹은 무엇인가 자신을 계속 기다리며 자기가 살아남기만을 간절히 바라고 있을지 모른다는 기분이 점점 사라질 때마다, 우리는 그러한 바람을 더욱 간절히 느꼈습니다.

　강제 수용소를 직접 체험하지 않은 여러분 가운데 수많은 분이 의아해하면서 이렇게 물으실 겁니다. 제가 말씀드린 이 모든 것을 한 인간이 어떻게 다 감당할 수 있느냐고 말입니다. 안심하십시오. 이 모든 것을 다 겪고 살아남은 사람이 여러분보다 훨씬 더 많이 놀라니까요! 하지만 이 한 가지를 잊어선 안 됩니다. 인간의 영혼은 어떤 면에서는 둥근 아치와 같습니다. 곧 무너져 내릴 것만 같은 아치는 외부의 짐을 떠받치고 있습니다. 이와 마찬가지로 인간의 영혼도 어느 정도, 어느 한도 내에서 '짐'을 체험하며 오히려 견고해지는 듯 보입니다. 이렇게 해서 나약한 사람들은 처음 강제 수용소에 들어왔을 때보다 더 나은, 말하자면 더욱 단단해진 모습으로 그곳을 떠날 수 있었고, 또 이것을 이해할 수 있습니다. 이를 소위 잠수병과 비교해서 설명할 수 있습니다. 잠수병은 물속 높은 수압에서 일하는 사람들이 걸리는 병으로, 잠수자들은 반드시 수압의 고저에 단계적으로 노출돼야 하고 갑자기 정상 기압으로 나오면 안 됩니다. 그렇지 않을 경우 아주 심각한 육체적 질병의 증상들이 나타나게 됩니다.

이렇게 해서 어느덧 강제 수용소 심리학의 세 번째이자 마지막 단계에 대한 논의를 앞두고 있습니다. 그것은 '해방된 수감자의 심리학'입니다. 이제부터 이와 관련해 설명할 제일 중요한 것은 아마 여러분을 가장 놀라게 할 것입니다. 말하자면 그것은 수용소에서 풀려난 사람이 해방을 기뻐할 수 있기까지 꽤 많은 시간이 걸린다는 점입니다. 실제로 그는 기뻐하는 것을 말 그대로 처음부터 다시 배워야 합니다. 이것을 습득하려면 때론 서둘러야 합니다. 왜냐하면 금방 또다시 잊어버리고, 그러다가 다시 배워야 하는 경우도 왕왕 생기기 때문이지요. 이제부턴 이에 대해 몇 말씀 더 드리겠습니다.

한번 상상해 보시기 바랍니다. 강제 수용소에서 풀려난 사람이 다시 집으로 돌아옵니다. 그때 여기저기서 어깨를 들먹이는 고향 사람들과 그가 만나는 광경이 벌어집니다. 그는 사람들이 자신에게 건네는 두 가지 말을 반복적으로 들을 것입니다. 그것은 "우린 아무것도 몰랐네."라는 말과 "우리도 무척 고생했어."라는 말입니다. 우선 두 번째 말을 머릿속에 떠올리면서 질문해야 할 게 있습니다. 과연 한 사람의 고통을 다른 사람의 고통과 비교할 수 있을까요? 즉 인간의 고통을 측정하고 측량할 수 있을까 하는 점입니다. 이에 관해 말씀드리자면, 인간의 고통은 비교할 수 없습니다! 진짜 고통은 인간을 완전히 사로잡아 가득 채웁니다. 언젠가 친구에게 제가 강제 수용소에서 체험한 것을 이야기했습니다. 친구는 수용소를 겪어 보진 않았지만, 스탈린그라드 전투에 참전한 적이 있었습니다. 그는 저를 보기가 왠지 부끄럽다고 했습니다. 그 말은 옳지 않았습니다. 왜냐하면 전쟁에서 겪은 것과 강제 수용소에서 경험한 것은 본질적으로 다르기 때문입니다. 전쟁터에서 인간은 무를 마주 보고, 바로 눈앞에 있는 죽음의 얼굴을 바라봅니다. 하지만 수용소에서 우리는 스스로가 무였고, 살아 있으면서도 죽은 것이나 다름없었습니다. 삶도, 죽음도 아무런 가치가 없었습니다. 그곳에선 우리의 죽음을 둘러싸고 후광은 허구로라도 비치지 않았습니다. 그것은 작은 무에서 커다란 무 속으로 사라졌습니다. 이러한 죽음은 알아차릴 수도 없었습니다. 우리는 이미 오래전부터 앞서 죽음을 '살았습니다'! 그런데 제가 만일 수용소에서 죽었다면 어떤 일이 벌어졌을까요? 다음 날 아침

점호 장소에 5열로 나란히 모여 있을 때, 평상시처럼 아무 미동도 없이 서 있을 겁니다. 추위에 옷깃을 세워 머리를 쑥 집어넣고 어깨는 추킨 채 옆 사람에게 이렇게 속삭일 것입니다.

"어젯밤 프랭클이란 사람이 죽었다네."

그때 일어날 수 있는 일이란 기껏해야 옆 사람이 "음" 하고 내뱉는 소리밖에 없을 것입니다.

하지만 이 모든 것과 인간의 고통은 비교할 수 없습니다. 고통의 본질은 그것이 한 인간의 고통이고, 그만의 고통이라는 데 있기 때문입니다. 고통의 '크기'는 오로지 고통당하는 사람, 다시 말해 그에게 달려 있습니다. 모든 개별적 인간이 유일무이하고 일회적이듯, 모든 고통도 각각의 인간에게 유일한 고통입니다.

그러므로 고통의 크기에 차이가 있는가를 논하는 일은 애초부터 무의미할지 모릅니다. 하지만 정말로 근본적인 차이가 하나 있습니다. 그것은 무의미한 고통과 의미 있는 고통의 차이입니다. 제 생각에 여러분은 그 차이를 지금까지의 강연으로 충분히 짐작하셨으리라 봅니다. 그것도 전적으로 인간에게 달려 있습니다. 고통이 의미가 있는가 아닌가는 인간에게, 오직 그에게 달려 있습니다. 그렇다면 조금 전에 "[자기도] 무척 고생했고", "아무것도 몰랐다"라고 딱 잘라 말한 사람들의 고통은 어떻게 설명할 수 있을까요? 제 소견으로는 아무것도 몰랐다는 단언이야말로 고통당한 것을 무의미하

게 만들기에 매우 적절합니다. 그 이유는 뭘까요? 그런 단언은 상황
의 윤리적인 오해에서 비롯되기 때문입니다. 지금부터는 이러한 오
해에 대해 살펴볼까 합니다. 이는 제가 시사 정치를 토론에 부치는
데 관심이 있어서가 아니라, 이제까지 다뤄 온 '일상의 형이상학'을
'일상의 윤리학'으로 보충할 필요가 있다고 느꼈기 때문입니다.

방금 무지의 이유에 관하여 이야기했고, 그것은 오해일 수 있다
고 말했습니다. 그런데 왜 그런 오해가 생기는지 묻는다면, 무지는
알려고 하지 않는 데 있다는 걸 발견할 수 있습니다. 무지의 바탕을
이루는 것은 바로 책임의 회피입니다! 하지만 인간은 지금 이 순간
에도 책임으로부터 달아나도록 떠밀립니다. 이렇게 도망치도록 내
모는 것은 집단적 죄를 떠안아야 한다는 두려움입니다. 그는 어디
서든 책임이 있다는 말을 듣고, 자신이 전혀 저지르지도 않은 일에,
대부분의 경우 정말 자신도 '전혀 모르는' 일에 공범으로 지목됩니
다. 이 무고한 사람은 정말 다른 이들이 저지른 일에 책임을 져야 할
까요? 같은 나라 구성원이 저지른 일에도? 그는, 이 무고한 자는 도
리어 범죄의 희생자가 아닐까요? 자기 민족 지도층 한 명이 집행한
테러의 목표물이 아니었던가요. 아무런 저항도 하지 못하고? 그 역
시 테러로 고통당하지 않았을까요? 집단적 죄라고 못 박는 것은 사
람들이 맞서 싸워 몰아내고 싶어 한 세계관으로 퇴행하는 게 아닌
가요? 우연히 자신이 속한 바로 그 집단 사람들이, 사실이든 소문이

든 어떤 범죄를 저질렀다는 이유로 각 개인에게 죄가 있다고 말하는 세계관으로 말입니다. 이러한 견해는 정말 우습지 않습니까! 이것도 지금에 와서야 마침내 알게 됐지만 말입니다. 오늘날 국적이나 모국어, 출생지를 이유로 누군가에게 책임을 묻는 것은 마치 사람의 키에 책임을 묻는 것과 똑같이 우스운 일입니다. 만약에 키가 164 cm 인 범인이 붙잡혔다면, 내 키도 우연히 같다는 이유로 그와 함께 교수형을 받아야 할까요?

하지만 여기서 구별해야 할 중요한 것이 있습니다. 우리는 '집단적 죄collective guilt'와 '집단적 책임collective liability'을 구별해야 합니다. 비유를 들어 설명하면 여러분은 금방 이해하실 겁니다. 제가 갑자기 맹장염에 걸렸다고 생각해 보십시오. 이것이 제 책임인가요? 그건 말도 안 되지요. 그런데 제가 수술을 받아야 한다면 어떻게 될까요? 어쨌든 그때는 수술해 준 의사에게 수술비를 치러야 할 빚이 저에게 있습니다. 다시 말해서 저는 진료 계산서를 보고 지불할 '책임'이 있습니다. 이렇듯 '무과실 책임'이라는 것도 존재합니다. 마찬가지로 테러에서 집단적으로 풀려난 국민도 이와 비슷합니다. 그들은 스스로 벗어날 힘이 없었습니다. 또 다른 집단과 자유를 사랑하는 또 다른 사람들이 등장해 싸움에 나서야 했습니다. 이들은 무력한 사람들을 그들의 지도부로부터 해방시키려고 자기네 우수한 인재들을, 젊은이를 희생시켜야 했습니다. 무력함이 죄(과실)라고 할 순 없었습니다. 그런데 공범도 아니고 아무런 책임도 없는 사람들이 다른 나라 사람들의 해방을 위해 희생하고 연대 책임을 느끼는 것을 불공평하고 부당하다고 할 수 있을까요?

강제 수용소 심리학의 마지막 장을 이해하려면, 작년에 제가 독일 튀르크하임 강제 수용소에서 풀려난 후 어느 봄밤에 있었던 일을 말씀드려야 할지 모르겠습니다. 해질녘에 저는 홀로 수용소에서 그리 멀지 않은 작은 숲속을 걷고 있었습니다. 그곳엔 목숨을 잃은 동료들이 수용소 소장의 지시로 묻혀 있었습니다. 나치 친위대원인 그에 대해서는 첫 번째 강연에서 말씀드렸습니다. 자기 주머니를 털어 '자신의' 수감자들을 위해 약을 산 사람이 바로 이 소장이었습니다. 그는 상부의 명령을 어기고 죽은 수감자들을 묻을 때마다 집단 묘지 뒤에 서 있는 늘씬하게 뻗은 어린 전나무 줄기에서 나무껍질을 벗긴 다음, 지워지지 않는 펜으로 그들의 이름을 눈에 띄지 않게 새겨 넣었습니다. 만일 여러분이 당시 저와 함께 계셨다면, 우리 생존자들이 계속 살아남아서 우리가 진 빚을 모두 갚자고 맹세했을 겁니다. 그렇습니다, 우리가 진 모든 빚을! 왜냐하면 우리 살아남은 자들은 같이 있었던 아주 선량한 자들이 그곳에서 나오지 못했다는 것을 잘 알았기 때문입니다. 집으로 돌아가지 못한 자들은 바로 가장 선량한 사람들이었습니다! 이에 우리는 우리의 생존을 과분한 은혜로 느낄 수밖에 없었습니다. 그래서 나중에라도 이런 은혜를 받을 만한 사람이 이것에 어느 정도 합당한 사람이 되는 것, 이것을 우리가 죽은 동료에게 진 빚으로 여겼습니다. 그 빚을 갚는 길은 우리자신은 물론, 다른 이들의 양심을 일깨우고 살아 있게 하는 것으로만 가능해 보였습니다.

물론 그러한 체험을 한 후 일어난 일, 즉 석방된 수감자가 고향으로 돌아갔을 때 그에게 일어난 일은 그러한 맹세를 좀처럼 기억할 수 없게 만들었습니다. 하지만 그의 삶에는 이전에 자신이 맹세한 것을 지키는 순간도 있습니다. 순간들이 있습니다(또 그것이야말로 중요한 순간입니다). 아주 작은 빵조각, 침대에서 잘 수 있다는 것, 점호를 하거나 끊임없는 생명의 위험 속에서 살지 않아도 되는 상황을 축복하는 것이지요. 모든 것은 상대적입니다. 마찬가지로 모든 불행도 그렇습니다. (우리가 말했듯이) 아무것도 아니었던 그는 정말 문자 그대로 다시 태어났다고 느낍니다. 과거의 그가 아닌 본질적인 존재로서 말입니다. 첫 번째 강연에서 어떻게 온갖 비인격적인 것이 그에게 '스며들었는지' 말씀드렸습니다. 하지만 그에겐 눈에 띄는 공명심도 그렇게 많이 남아 있지는 않겠지요. 굳건히 버티고 있다고 할 만한 것은 기껏해야 성과에 대한 욕심 정도일 것입니다. 자기실현을 향한 욕심과 충동의 매우 고차원적인 형태, 즉 더욱 본질적인 형태 말입니다.

여러분도 잘 아시다시피 이렇게 해서 어느덧 주제의 끝에 접어

들었고 강연도 거의 막바지에 이르렀습니다. 이젠 어떤 이야기나 설명도 더는 도움이 되지 않습니다. 단 하나, 우리에게 남는 것은 오로지 행동하는 것, 일상에서 행동하는 것뿐입니다.

지금까지의 강연은 바로 일상에 관한 이야기였습니다. 심지어 '일상의 형이상학'이란 말도 나왔습니다. 바라건대 여러분이 이 말을 잘 이해하셨으면 좋겠습니다. 그것은 외관상 칙칙하고, 매우 진부하고, 매우 평범한 일상을 투명하게 만들자는 데, 일상을 통해 우리를 영원한 것 위에서 똑바로 바라보자는 데에만 있지 않았습니다. 궁극적으로는 영원한 것이 어떻게 일시적인 것으로 되돌아가는지 보여 주는 것도 중요했습니다. 일시적인 것으로, 즉 유한한 것이 무한한 것과 끊임없이 조우하는 곳인 일상으로 말입니다. 우리가 시간 속에서 창조하고, 체험하고, 고통받는 것을 우리는 동시에 영원히 창조하고, 체험하며, 고통받습니다. 우리가 일어난 일에 책임을 지는 한, 다시 말해 그것이 '역사'가 되는 한 우리의 책임은 일어난 일을 '정리함으로써' 유례없이 매우 무겁습니다. 이와 더불어 그 책임은 일어나지 않은 일을 행하도록 요청받습니다! 매일매일 하는 일에서, 일상에서 말입니다. 이로써 일상은 온전히 현실이 되고, 현실은 행동할 수 있는 가능성이 됩니다. 그리고 이렇게 해서 일상의 형이상학은 맨 처음 일상으로부터 나와 — 의식적으로, 책임감 있게! — 다시 일상으로 돌아갑니다.

그 길 위에서 우리를 앞으로 나아가게 인도하고 도와주는 것, 그곳에서 우리를 안내하고 이끌어 주는 것은 바로 책임의 기쁨입니다. 그런데 평범한 사람이 책임을 짊어지고 기뻐한다는 것은 어떤 것일까요?

책임은 사람들이 '끌려가는' 것이자 또 멀리 '벗어나려는' 것이기도 합니다. 이 말이 암시하는 것은 인간에게는 책임지는 것을 가로막는 길항력이 있다는 것입니다. 실제로 책임에는 헤아릴 수 없는 뭔가가 있습니다. 이를 더 오래 깊이 염두에 둘수록 우리는 그러한 사실을 깨닫습니다. 그리고 마침내 현기증에 사로잡힙니다. 인간적 책임의 본질 속으로 깊숙이 들어갈 때 우리는 전율을 느낄 수밖에 없습니다. 이렇듯 인간의 책임이란 두려운 것이자 영광스러운 것이기도 합니다!

두려운 것은 이것입니다. 언제라도 다음 순간을 위한 책임이 나에게 있고, 모든 선택, 그것이 아주 보잘것없든 아주 중요한 것이든 한 번의 선택은 '영원'하며, 언제라도 순간의 가능성을 실현하거나 잃는다는 것, 이것을 아는 것은 두렵습니다. 매 순간 수천 가지 가능성이 숨어 있고, 그중 단 하나의 가능성만을 선택하고 실현할 수 있습니다. 그리고 그 밖에 다른 모든 가능성을 비난하면서 결코 존재하지 않은 것으로 단정 짓습니다. 그것도 '영원히' 말입니다! 그럼에도 영광스러운 것은 이것입니다. 미래, 곧 나만의 미래와 나를 둘러

싼 일과 사람들의 미래가 ─ 아주 미미할지라도 ─ 매 순간 나의 선택에 달렸다는 걸 아는 것은 영광스러운 일입니다. 나는 내가 내린 선택으로 실현한 것, '행동한' 것을 현실 속으로 구조해서 사라지지 않게 간직합니다.

그러나 인간은 보통 책임을 지기에는 너무 게으릅니다. 바로 그때 교육은 책임지려고 합니다. 확실한 것은 그 짐이 무겁다는 것입니다. 책임을 깨닫는 것뿐만 아니라 그것을 고백하는 일은 어렵습니다. 책임에 그리고 삶에 '예'라고 말하기란 쉽지 않습니다. 하지만 온갖 어려움에도 '예'라고 말한 사람들이 있었습니다. 독일 바이마르 근교 부헨발트 강제 수용소 수감자들은 "그럼에도 우리는 삶에 '예'라고 말하려 하네" 하고 노래했습니다. 그들이 노래할 때는 단지 노래만 부른 게 아니라 많은 것을 행하기도 했습니다. 다른 수용소에 있는 수많은 이들도 마찬가지였습니다. 그들은 이루 말할 수 없이 어려운 조건에도 그것을 행했습니다. 오늘날에 와서야 비로소 제대로 말할 수 있는 내외적인 조건 속에서 말입니다. 이전과는 좀처럼 비교할 수 없는 지금의 평온한 상황에서 우리는 모두 그렇게 할 수는 없을까요? 삶에 '예'라고 말하는 것은 온갖 상황에도 의미가 있을 뿐 아니라 ─ 삶은 그 자체로 의미가 있기 때문에 ─ 온갖 상황에서 가능하기도 합니다.

이것이 제 모든 강연의 최종적인 의미입니다. 지금까지 세 강연을 통해 여러분에게 보여드렸습니다. 인간은 그럼에도 ― 이 모든 것에도, 고난과 죽음(첫 번째 강의), 육체적, 정신적 질병(두 번째 강의) 혹은 강제 수용소라는 운명으로 고통당했음(마지막 세 번째 강의)에도 ― 삶에 '예'라고 말할 수 있다는 것을!

# 에필로그

오스트리아 빈에서 전쟁은 1945년 4월 13일에 종식됐다. 강제 수용소 수감자였던 빅터 프랭클에게 해방의 날은 그로부터 2주가 지난 후에야 찾아왔다. 더구나 고향 빈으로 돌아오려면 여전히 8월까지 기다려야 했다. 그곳에선 상상할 수 없을 정도로 끔찍한 소식이 프랭클을 기다리고 있었다. 그가 절망과 생존을 위해 벌인 사투는 프랭클이 고향으로 돌아온 뒤 처음 몇 주 동안 친척과 친구들에게 쓴 매우 감동적인 편지에서 엿볼 수 있다.[4]

프랭클은 일에만 파묻혔다(그때처럼 이 표현이 꼭 들어맞던 때는 없다). 그는 빈 대학 병원 신경과 진료 과장직을 맡았고, 불과 몇 개월 지나지 않아 두 권의 책을 냈다.

1945년 가을부터는 1930년대 이후 줄곧 긴밀한 관계를 유지해온 오타크링 시민 대학에서 '정신병에 걸린 인간'이란 제목으로 강연 시리즈를 진행했다. 또 수많은 신문에 글을 기고하고 공공 토론에 참여해 정치, 사회, 문화 전반에 걸친 시사 문제에 대한 자신의 입장을 밝히기도 했다.

프랭클은 맹렬한 열정으로 수년간의 전쟁과 나치 체제의 정신적 편협성을 겪으며 지적, 문화적으로 몹시 굶주린 청중들과 만났다. 그렇게 해서 그는 무기력하고 혼란스러운 시대에 공공 토론장은 물론, 의학과 철학 같은 전문 분야에서도 대중에게 인기 있는 토론 상대가 됐다. 그가 다룬 주제는 — 진정 그 시대의 주제였던 — 죄와 책임이었다. 또한 삶의 불안, 일상의 윤리 그리고 당시 얼마 지나지 않은 과거의 비인간적인 이념에 대해 끊임없이 논쟁했다.

그렇지만 프랭클에게 언제나 무엇보다 중요한 것은 심리 치료였다. 이는 환자 개개인은 물론이고, 집단적인 측면에서도 마찬가지였다. 1946년 오타크링 시민 대학 여름 학기 강의 목록에 다음과 같이 기재된 것을 발견할 수 있다.

Dr. 빅터 프랭클, 정신 의학적 관점에서 본 시사 문제와 일상의 문제, 총 5회(자살/ 억압 제거/ 정신병 환자의 세계/ 성교육학/ 강제 수용소), 토요일 오후 5~6시, 개강일 3월 23일

강의 첫날, 프랭클은 한 신문에 '빈과 정신 의학'이란 제목의 칼

럼을 기고했다. 칼럼의 마지막 부분은 이렇게 쓰여 있다.

> 그렇지만 빈은 여전히 심리 치료의 정신이 살아 있는 곳이다. 모
> 든 것에도, 또 그 어느 때보다 더 이를 바라면서 빈이 ─정신 의
> 학이 태어난 도시가 ─ 곧 또다시 그 부활의 장소가 되기를 기
> 대하는 바이다. 내외적인 위기의 시기에 사회적 과제를 의식하
> 는 심리 치료의 부활 장소가 정신적, 물질적 복구를 기다리는 세
> 계에 대한 책임의 장소가 될 것을 기대한다.[5]

오타크링 시민 대학에서 진행한 이 강연 시리즈를 토대로 프랭
클은 책 《그럼에도 삶에 '예'라고 말하네...trotzdem Ja zum Leben sagen》[6]
를 집필했고, 이 책을 이번에 새로운 제목으로 출간했다.

먼저 '자살'과 '억압 제거'에 대한 강연은 이 책 〈인생의 의미와
가치에 관하여 I, II〉에서 살펴볼 수 있고, 강제 수용소에 관한 장에
는 〈결정적 실험〉이라는 제목을 붙였다.

이 간결한 각 장 제목은 저자 빅터 프랭클의 사상과 운명에 대
해 많은 것을 보여 준다. 무엇보다도 거기엔 삶에 대한 절대적인 긍
정이 빛나고 있는데, 프랭클 자신도 당시 쓴 편지에서 이를 언급하
기도 했다. 프랭클은 1945년 9월 친구 빌헬름과 슈테파 뵈르너에게
보낸 편지에 이렇게 쓰고 있다.

나는 말할 수 없이 지쳤고, 말할 수 없이 슬프고, 말할 수 없이 외
롭다네. (……) 수용소에서 사람들은 인생의 바닥을 쳤다고 생
각했지. 그리고 나중에 고향으로 돌아왔을 땐, 유지되어 온 것이
파괴돼서 모든 게 소용없다는 걸 알아야 했어. 사람들이 다시 인
간이 된 그때 오히려 더 깊이, 여전히 바닥을 알 수 없는 고통으
로 가라앉을 수 있다는 걸 알아야 했지. 이곳에 남아 있는 거라
곤 조금 울다가 시편을 좀 뒤적거리는 것 외에는 더 이상 아무것
도 없는 것 같아.

자네들은 날 비웃고, 나에게 화낼지도 몰라. 그렇다 해도 내가
말한 것처럼 그 일을 겪으면 조금도 반박할 수 없고, 과거에 삶
을 긍정한 것으로부터 완전히 물러설 수도 없네. 그 반대지. 만
일 내게 이런 흔들리지 않는 긍정적인 인생관이 없었다면 강제
수용소에서의 수주, 수개월 동안 과연 난 어떻게 됐을까? 하지
만 나는 그 일들을 보다 먼 관점에서 바라본다네. 이 삶은 우리
가 상상조차 할 수 없이 의미 있고, 또 고통과 심지어 실패 속에
도 의미가 있다는 것을 계속 깨닫고 있어.[7]


프랭클의 삶에 대한 경의는 늘 타인의 삶까지 함께 품었다.
1928년 의대생 시절 프랭클은 심혈을 기울여 청소년 상담소를 설
립했고, 이를 통해 무엇보다 청소년의 자살 문제를 해결하려고 했

다. 특히 성적표가 나올 즈음 자살률이 높아지곤 했는데, 실제로 프랭클의 주도하에 전개된 '성적표 운동'으로 1931년 여름에는 자살하는 청소년이 한 명도 발생하지 않았다. 이미 그때부터 프랭클은 인생의 의미의 역할을 자살 예방과 관련해 매우 인상적으로 그려 냈다.

> (……) 참으로 자살하는 심리적인 이유 또한 매우 다양할 수 있는데, 그 정신적인 배경은 인생의 의미에 대한 믿음의 부족에 있다. 자살하는 사람에게는 삶을 향한 용기뿐 아니라 삶에 대한 겸손도 부족하다. 새로운 도덕이 새로운 객관성의 자리를 대신하고, 모든 인간 삶의 가치가 일회적이고 유일무이한 것으로 다시 인정된 후에야 비로소 인간은 필요한 정신적인 버팀목을 갖게 돼 정신적 위기를 극복할 수 있다.[8]

이렇듯 프랭클은 인생의 의미에 대한 믿음을 끊임없이 역설했다. 이는 인간의 삶에 내재된 고통에 직면해서도 마찬가지다.

고통의 의미에 대한 해석은 1938년 출간된 간행물에서 찾아볼 수 있는데, 여기서 프랭클은 최초로 가치의 세 범주, 즉 창조적 가치, 체험 및 태도의 가치에 관해 설명했다.[9] 그중에서 프랭클은 마지막 가치 — 바꿀 수 없는 고통에 대한 용기 있고 모범적인 행동 —

를 최고로 여겼다. 이것을 프랭클은 첫 번째 강의에서도 다음과 같이 표현했다.

우리는 가능하다면 이 운명을 바꾸거나, 필요하다면 이를 기꺼이 받아들여야 합니다.

그 시절 이러한 생각은 결코 학문적 유희가 아닌 구체적인 삶과 생존의 구제책이었다. 대참사 속에서 육체적, 정신적 손상을 입지 않은 사람이 누가 있겠는가? 프랭클 자신도 소중한 것을 모두 잃어버리지 않았던가? 하지만 그는 삶으로, 그 모든 것에도 불구하고 실현해야 할 의미의 가능성으로 가득 찬 삶으로 다시 돌아오는 길을 발견했다. 프랭클은 이 길을 책과 강연을 통해 다른 사람들에게 보여 주고 용기를 불어넣고자 했다. 사람들이 지난 시절의 불행에서 벗어나서 또 여전히 매우 불안한 현실과 직면해서도 자기만의 길을 찾기를 바랐다.

세 번째 강연의 제목인 '결정적 실험'은 프랭클이 인생의 의미의 중요성에 대한 본인의 생각을 자원(재원)으로서 — 가끔 떠도는 소문처럼 — 결코 강제 수용소에서 처음으로 발전시키지 않았다는 것을 잘 보여 준다. 프랭클은 책《영혼을 치유하는 의사Ärztliche Seelsorge》에서 인간의 의미 지향 이론을 완성했는데, 이 책은 1941년

이후에는 원고 형태로 있었다. 프랭클은 이 원고를 강제 수용소로 끌려갈 때 가지고 갔고, 언젠가는 꼭 책으로 나올 수 있기를 바랐다. 자서전에도 썼듯이 프랭클은 이 원고를 외투 안감 속에 넣고 실로 꿰매어 숨겨 놓았다.[10]

여러 수용소를 거치면서 프랭클은 처절한 궁핍과 이루 말할 수 없는 치욕의 한계 상황에서조차 모든 것은 그만의 의의를 간직하고 있다는 것을 관찰할 수 있었다. 이는 그가 청소년 상담사와 정신과 의사로 일할 때부터 이미 지각하고 체계적으로 기술해 오던 것이었다. 그것은 수용소 수감자들이 여전히 어떤 삶의 의미를 깨닫거나 적어도 그것을 기대할 수 있었던 계속 살아가는 힘, 즉 견디어 내는 힘을 찾았다는 것을 잘 보여 주었다. 무엇보다 그것은 프랭클 자신에게 해당되는 말이었다. 그의 목숨을 지탱해 준 것은 유일한 희망, 사랑하는 사람을 단 몇 명이라도 다시 만나고, 초안을 끝마친 원고를 책으로 출간하는 것이었다.

그리고 1946년 여름, 프랭클은 강연을 통해 이러한 통찰과 예리한 분석, 격려의 말을 열정적이고 수려한 언변과 학문적인 예리함으로, 자기 명제의 유효성을 몸소 체험한 자의 자격으로 청중에게 들려주었다.

강연 시리즈에서 가장 중요하고 보편적인 부분은 같은 해 책으로 나왔다. 신문, 문화 및 전문 잡지, 라디오는[11] 서로 앞다투어 이

작은 책에 대해 상세히 다루고 높이 평가했는데, 이는 프랭클이 시
대에 정통했다는 방증이기도 하다.

2019년 여름, 빈에서

프란츠 베젤리[*]

---

[*]    Franz Vesely. 대학에서 물리학을 가르치고 있다. 장인인 빅터 프랭클의 사후 저작권
      을 관리하고 있으며, 빅터 프랭클 아카이브에서 대규모 유고 정리 작업을 이끌고 있
      다. 베젤리 교수는 빅터 프랭클 연구소의 공동 설립자이자 집행 위원이기도 하다.

# 주

1. Joachim Bauer: Wie wir werden, wer wir sind. Die Entstehung des menschlichen Selbst durch Resonanz. Blessing, München 2019

2. Joachim Bauer: Selbststeuerung. Die Wiederentdeckung des freien Willens. München, Heyne 2018. 이 외에 참고할 만한 책: Elmar Reuter, Gudrun Haarhoff, Yosh Malzon-Jessen: Mehr Jahresringe als erwartet: Über Lebensgeschichten nach schwerer Krebserkrankung. Klett-Cotta, Stuttgart 2020

3. Joachim Bauer: Wie wir werden, wer wir sind. Die Entstehung des menschlichen Selbst durch Resonanz. Blessing, München 2019

4. Viktor Frankl, Gesammelte Werke, Band 1: 《… trotzdem Ja zum Leben sagen》 und ausgewählte Briefe (1945-1949). Hrsg. A. Batthyany, K. H. Biller, E. Fizzotti. Böhlau, Wien 2005

5. Wiener Kurier, 23. März 1946

6. Franz Deuticke, Wien 1946

7. Ibid., S. 184

8. Arbeitersonntag, 14. 4. 1934; in: Gabriele Vesely-Frankl (Hrsg.): Viktor E. Frankl – Frühe Schriften. Maudrich, Wien 2005

9. V. E. Frankl: Zur geistigen Problematik der Psychotherapie. Zentralblatt für Psychotherapie und ihre Grenzgebiete, 10 [1938], S. 33-45

10. Viktor Frankl: Dem Leben Antwort geben. Autobiografie. Beltz, Weinheim und Basel 2017

11. 책이 출간된 이후 오스트리아에서 10년 동안 30개 이상의 서평이 〈비너 차이퉁〉, 〈디 외 스터라이허린〉, 〈오스트리아 의사 신문〉을 비롯한 다양한 신문과 잡지에 실렸다.

# 빅터 프랭클에 대해

빅터 E. 프랭클VIKTOR E. FRANKL, 1905~1997은 오스트리아 빈 대학교에서 신경학과 정신 의학을 가르친 교수였고, 25년간 빈 대학 병원 신경과 과장을 지냈다. 프랭클이 창시한 로고테라피Logotherapy, 의미 치료, 실존 분석는 '빈 심리 치료 제3학파'라고도 불린다.* 미국 하버드 대학교를 비롯해 스탠퍼드, 댈러스, 피츠버그 대학교에서 초빙 교수를 역임했고, 캘리포니아주 샌디에이고 US 인터내셔널 대학에서는 로고테라피 특훈 교수Distinguished Professor로 재직하기도 했다.

1905년 빈에서 태어난 프랭클은 빈 대학교에서 의학 박사 학위를 획득한 후 철학 박사 학위도 취득했다. 제2차 세계 대전 중 아우슈비츠, 다하우 그리고 다른 강제 수용소에서 3년을 보냈고, 전쟁이 끝난 뒤에는 14년간 쉬지 않고 전 세계로 수없이 많은 강연 여행을 떠났다. 프랭클은 유럽, 북남미, 아시아와 아프리카 여러 대학에서 총 29개의 명예 박사 학위를 받았으며, 미국 정신 의학회American Psychiatric Association, APA의 오스카 피스터상과 오스트리아 과학 아카데미 명예회원을 비롯한 수많은 상을 수상했다.

지금까지 프랭클의 저서 가운데 39권이 50개 언어로 번역, 출간됐다. 그중에서 특히 《그럼에도 삶에 '예'라고 말하네》의 영어 번역본은 수백만 권이나 팔리며, '미국에서 가장 영향력 있는 책 10권'에 선정되기도 했다. 빅터 프랭클은 1997년 빈에서 사망했다.

---

* 제1학파는 지그문트 프로이트의 정신 분석, 제2학파는 알프레트 아들러의 개인 심리학을 가리킨다. ─ 옮긴이

# 빅터 프랭클의 저서들

빅터 프랭클의 모든 저서가 담긴 완전한 목록과 로고테라피와 실존 분석에 대한 광범위한 도서 목록은 빅터 프랭클 연구소 웹사이트 www.viktorfrankl.org에서 찾아볼 수 있다.

- Ärztliche Seelsorge. Grundlagen der Logotherapie und Existenzanalyse. Deuticke Zsolnay, Wien / dtv, München 2005-2007 / 2011 (dtv); ISBN 3-552-06001-4
- …trotzdem Ja zum Leben sagen. Ein Psychologe erlebt das Konzentrationslager. Kösel-Verlag, München 9. Aufl. 2005; ISBN 3-466-10019-4 / Taschenbuch: Penguin 2018; ISBN 978-3-328-10277-9
- Bergerlebnis und Sinnerfahrung. Tyrolia, Innsbruck – Wien 2013 (7. Aufl.); ISBN 978-3-7022-3297-9
- Das Leiden am sinnlosen Leben. Psychotherapie für heute. Herder / Kreuz, Freiburg i. Br. 2015; ISBN 978-3-451-61337-1
- Dem Leben Antwort geben. Autobiografie. (Was nicht in meinen Büchern steht. Lebenserinnerungen) Beltz, Weinheim 2017; ISBN 978-3-407-86460-4
- Der leidende Mensch. Anthropologische Grundlagen der Psychotherapie. Hans Huber, Bern / Serie Piper 1975-2005 (3. Aufl.); ISBN 3-456-84214-7
- Der Mensch vor der Frage nach dem Sinn. Eine Auswahl aus dem Gesamtwerk. Serie Piper 289, München 1979-2019 (30. Aufl.); ISBN 9783-492-20289-3
- Der unbewusste Gott. Psychotherapie und Religion. Deutscher Taschenbuch Verlag (dtv 35058), München 1992-2018 (15. Aufl.); ISBN 3-466 20302-3
- Der Wille zum Sinn. Ausgewählte Vorträge über Logotherapie. Hogrefe,

Bern 2016 (7. Aufl.); ISBN 978-3-456-85601-8
- Die Psychotherapie in der Praxis. Eine kasuistische Einführung für Ärzte. Serie Piper 475, München 1986-2002; ISBN 978-3-492-20475-9 / 978-3-492-20475-0
- Es kommt der Tag, da bist du frei. Unveröffentlichte Texte und Reden. Kösel-Verlag, München 2015; ISBN 978-3-466-37138-9
- Gesammelte Werke 1: ... trotzdem Ja zum Leben sagen / Ausgewählte Briefe 1945-1949. Böhlau, Wien 2005; ISBN 3-205-77351-9
- Gesammelte Werke 2: Psychologie des Konzentrationslagers / Synchronisation in Birkenwald / Ausgewählte Texte 1945-1993. Böhlau, Wien 2006; ISBN 3-205-77390-X
- Gesammelte Werke 3: Die Psychotherapie in der Praxis / Und ausgewählte Texte über angewandte Psychotherapie. Böhlau, Wien 2008; ISBN 3-205-77664-X/978-3-205-77664-2
- Gesammelte Werke 4: Grundlagen der Logotherapie und Existenzanalyse. Böhlau, Wien 2011; ISBN 978-3-205-78619-1
- Gesammelte Werke 5: Psychotherapie, Psychiatrie und Religion. Bölhau, Wien 2018; ISBN 978-3-205-20574-6
- Gottsuche und Sinnfrage. Gütersloh 2005-2014 (5. Aufl.); ISBN 978-3-579-05428-5
- Psychotherapie für den Alltag. Rundfunkvorträge über Seelenheilkunde. (Psychotherapie für jedermann.) Kreuz Verlag, Freiburg i. Br. 2015; ISBN 978-3-451-61373-9
- Theorie und Therapie der Neurosen. Einführung in Logotherapie und Existenzanalyse. Uni-Taschenbücher 457, Ernst Reinhardt, München/Basel 1967-2007 (9. Aufl.); ISBN 978-3-497-01924-3
- Wer ein Warum zu leben hat. Lebenssinn und Resilienz (Logotherapie und Existenzanalyse). Beltz, Weinheim 2019; ISBN 978-3-407-86492-5

# 빅터 프랭클 연구소

빅터 프랭클 연구소Viktor-Frankl-Institut, VFI는 1992년 빅터 프랭클이 참석한 가운데 세계 여러 나라에서 온 동료와 친구들이 학술 단체로 설립했다. 연구소 소장은 알렉산더 바티야니Alexander Batthyány 교수이다. 연구소의 주요 과제는 그의 평생 업적을 기리고, 정신 의학, 심리학, 철학, 응용 심리 치료 등을 연구하고, 로고테라피와 실존 분석의 심리 치료 및 상담사 교육에 있어 질적 보장을 위해 로고테라피와 실존 분석을 후원하고 보급하는 일이다.

　　로고테라피와 실존 분석을 전문적으로 가르치는 데 인정받은 기관과 오스트리아 내 협회는 전 세계에 150개가 넘는다. 이들 목록은 빅터 프랭클 연구소 웹사이트에 자세히 소개돼 있다.

　　빅터 프랭클 연구소는 빅터 프랭클 개인 아카이브를 위한 독점 권한을 보유하고, 로고테라피와 실존 분석에 관한 글과 연구 논문을 세계에서 가장 많이 소장하고 있다.

　　1999년에는 도시 빈과 협력해 '빅터 프랭클 재단 빈'을 창립했다. 빅터 프랭클 연구소 빈은 빅터 프랭클 이후 모범적인 로고테라피 및 실존 분석 교육 인증 기관으로, 의미 지향 및 인도주의적 심리 치료 분야에서 탁월한 업적을 이룬 것을 기리고 연구 프로젝트를 장려하고자 매년 상장과 장학금을 수여하는데, 이는 재단의 창립 목표이기도 하다. 또한 뛰어난 인물의 업적을 인정하고 높이 평가하는 명예상도 해마다 수여한다. 지금까지 명예상을 받은 수상자는 하인츠 폰 푀르스터, 파울 바츨라빅, 프란츠 쾨니히 추기경, 시슬리 손더스 여사, 에르빈 크로이틀러 주교, 오스카 안드레 로드리게스 마라디아가 추기경, 에릭 리처드 칸델 등이 있다.

빅터 프랭클 연구소는 세계 최초로 국가에서 인정한 국제철학아카데미(리히텐슈타인 공국 대학교)의 빅터 프랭클 철학 및 심리학 강좌에서 로고테라피 박사 과정 학생들을 지도하고 있다. 또 2012년 신설된 모스크바 대학교 정신 분석 연구소 내 로고테라피 및 실존 분석학부와 협력해 로고테라피 마스터 과정과 심리 치료 교육을 제공하고 있다.

세계 여러 나라에 설립된 로고테라피 연구소 활동에 대한 더 자세한 정보는 빅터 프랭클 연구소 빈 홈페이지에서 살펴볼 수 있다. 여기서는 로고테라피 연구 및 실제에 관한 새로운 소식과 더불어 방대한 양의 로고테라피 1, 2차 문헌들도 함께 소개하고 있다.

연락처 및 그 밖의 정보는 www.viktorfrankl.org에서 찾아볼 수 있다.

# 감사의 글

이 책이 출간될 수 있도록 빅터 프랭클의 글을 편집하는 데 친절하게 도와주시고 에필로그를 써 주신 빅터 프랭클 아카이브 대표 프란츠 베젤리 교수님께 감사의 마음을 전합니다. 또 프롤로그를 써 주신 요아힘 바우어 교수님께도 진심으로 감사드립니다.

# 옮긴이의 글

"그럼에도 우리는 삶에 '예'라고 말하려네"
— 빅터 프랭클의 강의록에서 배우는 삶과 고통에 부치는 노래

나치에 체포된 순간에도 자신이 쓴 원고 뭉치를 외투 안에 몰래 숨겨 끌려갔고, 이것이 언젠가 책으로 출간되기를 간절히 바라던 사람이 있었다. 그 후 그는 아우슈비츠, 다하우를 비롯한 강제 수용소KZ 네 곳을 전전했고, 그곳에서 부모와 형, 사랑하는 아내를 잃었다. 이런 한 남자에 대해 우리는 무엇을, 또 어떻게 말할 수 있을까?

그는 어릴 때부터 장차 의사가 되겠다고 즐겨 말했고, 중학생 시절 지그문트 프로이트와 서신 교환을 시작했으며, 열아홉 살에는 〈국제정신분석학회지〉에 논문을 발표했다. 사회 문제에도 적극적으로 참여해 대학생 때는 청소년 자살 예방을 위한 상담소를 개설하기도 했다. 그리고 훗날 세계적인 신경 정신의이자 심리 치료사가 된 그는 오스트리아 빈의 '심리 치료 제3학파'라고 불리는 로고테라피(의미 치료)를 창시한다. 무엇보다 그와 함께 샴쌍둥이처럼 늘 따라다니는 수식어가 있다. 책《죽음의 수용소에서》의 저자……. 강제수용소에서의 체험을 기록한 이 자전적 수기로 그는 역사에 길이 기억될 이름을 새겼다. 빅토르 에밀 프랑클. 한국에서는 빅터 프랭클로 더 친숙한 그가 이 모든 것의 주인공이다. 위의 프로필은 그가 비범한 정신의 소유자임을 스스로 증언한다.

하지만 이것도 빅터 프랭클이라는 한 사람을 설명하기엔 결코 충분하지 않다. 그의 이름은 그 자체로 강력한 힘과 상징성이 있어서 정신 의학을 비롯한 철학, 종교, 심리학 세계는 물론, 인간의 삶과 고통이 마주한 곳에 언제나 떠오른다. 프랭클의 로고테라피/실존 분석은 이런 삶의 현존Dasein과 지금 여기에 있는Da-Sein 존재라는 '구체성'을 강조하며 이 둘을 중요한 출발점으로 삼고 있다. 삶은 반복될 수 없고, 인간 개개인은 유일무이하며 동시에 불완전하다. 다시 말해 삶과 현존재는 유한하다. 이에 프랭클은 바로 이러한 유한성이야말로 우리 삶을 의미 있게, 유일하게 만든다는 데 주목했다.

프랭클은 생의 철학과 실존 철학에 큰 영향을 끼친 철학자 F. W. 니체의 글을 종종 인용하곤 했는데, 인간의 자기 초월과 주체성을 역설한 의미 치료사로서 이는 어찌 보면 자연스러운 귀결로 보인다. 니체는 "나를 죽이지 못하는 것은 나를 더 강하게 만든다."라고 말하면서 삶은 곧 힘에의 의지임을 표명했다. 여기서 힘에의 의지란 맹목적인 것이 아닌 자기 강화와 자기 극복이라는 분명한 목표가 있다. 프랭클에게 그 힘은 의미였다. 그는 인간 현존이 삶의 의미를 추구하는 의지에서 비롯된다는 것을 확신했다. 이런 의미는 삶에 대한 절대 긍정에서 나오며, 책임지는 존재의 행동으로 발견되고, 발견돼야 하는 것이다. 이렇게 해서 프랭클은 죽음의 수용소를 견뎌 낼 수 있었고 그 위대한 증인이 되었다.

이 책은 빅터 프랭클이 1946년에 강연한 원고를 수록한 책《그럼에도 삶에 '예'라고 말하네...trotzdem Ja zum Leben sagen》의 신판으로, 독일 벨츠 출판사가 2019년 9월《삶의 의미에 대해Über den Sinn des Lebens》로 제목을 바꾸고 2006년 개정된 독일어 맞춤법에 맞춰 새롭게 선보인 것을 옮긴 책이다. 여기에 실린 세 개의 원고 속에는 이후 수십 년 동안 프랭클의 수많은 논문과 저서의 토대를 이룬 핵심적인 사상 전반이 압축된 형태로 잘 드러나 있다. 따라서 이 책은 프랭클의 사상적 원형을 살펴볼 수 있는 초기 자료라는 점에서 매우 큰 의의가 있다. 특히 자살, 물화된 인간, '의료 사제'로서의 의사 역할에 대해 언급한 일화들은 70여 년이 지난 지금도 여전히 고도의 시사성을 지닌다.

프랭클이 1997년 92세의 나이로 세상을 떠났을 때 〈뉴욕 타임스〉는 그가 "인류 역사상 가장 야만적이었던 20세기의 수난을 가장 극한 상황에서 체험했지만, 20세기 인류에 가장 희망적인 메시지를 던졌다."라고 평했다. 그리고 이 책이 작년에 새 모습으로 출간되고 일 년이 채 지나지 않아 〈뉴욕 타임스〉에는 또다시 이런 글이 실렸다.

프랭클 박사의 재발견된 대작은 지금 이 어두운 시기에 희망을 발견하는 길을 제공한다. 이 책은 정말 무엇이 중요한지를 성찰하고, 무엇이 가장 의미 있는지 행동하는 길을 모색하도록 촉구한다.

_〈뉴욕 타임스〉 2020년 5월 18일자

코로나바이러스감염증-19(코로나19)가 발생한 지 어느덧 6개월이 지났고, 지금도 여전히 전 세계적으로 확산은 멈추지 않고 있다. 문명사적 대전환을 맞이한 인류가 뉴노멀new normal이라는 새로운 표준의 시대로 건너가는 이때, 위대한 의사이자 사상가였던 프랭클의 삶과 가르침은 더욱더 울림이 크다. 존재 자체만으로 빛나고 사람들에게 도움과 위로가 되는 프랭클은 이 어둡고 힘든 시기에 우리가 어떻게 살아가야 하는지 힌트를 준다. 프랭클이 강조한 '의식하는 존재', '책임지는 존재'로서 우리는 코로나 사태로 달라진 삶의 풍경에 담긴 의미를 발견하고 실현해야 한다. 그럼에도 ― 과거의 일상, 다시는 이전으로 돌아갈 수 없는 현실에도 ― 이 삶에 '예'라고 말하면서!

2020년 7월
마정현

## 그럼에도 삶에 '예'라고 답할 때

초　　판 1쇄 발행 · 2020. 8. 10.
초　　판 2쇄 발행 · 2023. 2. 10.

—

지은이　　　빅터 프랭클
옮긴이　　　마정현
발행인　　　이상용 이성훈
발행처　　　청아출판사
출판등록　　1979. 11. 13. 제9-84호
주소　　　　경기도 파주시 회동길 363-15
대표전화　　031-955-6031　　　팩스　031-955-6036
전자우편　　chungabook@naver.com

—

ISBN 978-89-368-1155-6　03180

—